AF391552

NOUVEAU
GUIDE EN AFFAIRES,
RECUEIL COMPLET

DE FORMULES D'ACTES SOUS-SEING PRIVÉ EN MATIÈRE CIVILE ET COMMERCIALE,

SUIVI

de Modèles de Pétitions au Roi, aux Ministres, de Lettres diverses, Timbre, Enregistrement, etc.

Par P.-G.,
Ancien Avoué à la Cour Royale de Nancy.

PARIS,
BÉCHET, LIBRAIRE,
rue de la Harpe, 19.

NANCY,
L. VINCENOT, LIBRAIRE,
place Carrière, 17.

1846

NOUVEAU
GUIDE EN AFFAIRES.

CHAPITRE PREMIER. — MOYENS DE PRÉVENIR LES PROCÈS.

Nous trouvons dans le droit quatre moyens de prévenir les procès; savoir : 1° Les offres; elles consistent à offrir à son adversaire tout ou partie de sa réclamation : ou bien par *opposé*, à accepter ce qu'il nous offre. 2° La *conciliation :* c'est se retirer devant le juge de paix.

Ces deux premiers moyens ne pouvant entrer dans notre cadre, puisqu'ils ne sont employés que judiciairement, dans le sens légal; nous allons passer aux deux derniers : la *transaction* et le *compromis*.

De la Transaction.

« La transaction est un contrat par lequel les parties terminent une contestation née, ou préviennent une contestation à naître. Ce contrat doit être rédigé par écrit. » — C. C. 2044. — Cet acte est donc, en général, basé sur des sacrifices respectifs, en modifiant, d'un côté, certaines prétentions; et de l'autre, en se contentant du sacrifice.

« Pour transiger, il faut avoir la capacité de disposer des objets compris dans la transaction. » — C. C. 2045. — Ainsi ne peuvent transiger : 1° *Les mineurs en tutelle et les interdits.* — C. C. 1124.

1

2° Les *mineurs émancipés*, C. C. 481, 484, dont l'administration se borne à passer des baux qui ne pourront excéder neuf ans, à percevoir leurs revenus, en donner décharge, etc. Toutes autres aliénations leur sont interdites.

3° Les *tuteurs* ne peuvent transiger de *leur chef* sur les droits des mineurs ou interdits qu'ils tiennent en tutelle. — C. C. 467. 2045.

4° Les *femmes mariées* ne peuvent transiger sans le *consentement spécial* de leurs maris, C. C. 217, à moins qu'elles ne se trouvent sous l'empire de ces quatre exceptions : 1° Que la femme soit autorisée par le magistrat, malgré le refus du mari. — C. C. 219. — 2° Lorsqu'elle est séparée de biens, elle peut transiger sur ses capitaux et objets mobiliers. — C. C. 1449. 1536. — 3° Si elle est mariée sous le régime dotal. — C. C. 1576. — 4° Lorsqu'elles sont marchandes publiques. — C. C. 220.

Ne peuvent transiger : 5° les *individus mis sous l'assistance d'un conseil judiciaire*. — C. C. 499. 513.

6° Le *mandataire général*. — C. C. 1988.

7° Les *envoyés en possession provisoire* des biens d'un absent. — C. C. 128.

8° Les *condamnés par contumace*, qui son privés de l'exercice de leurs droits civils. — C. C. 28.

Et neuvièmement, enfin les *communes et établissemens publics*. — C. C. 2045.

Pour que la transaction puisse avoir lieu, il faut qu'elle porte sur une contestation née ou à naître; que la chose en litige soit dans le commerce; que ceux qui veulent transiger puissent particulièrement disposer de l'objet en contestation, et que ce dernier n'intéresse pas l'ordre public.

Les transactions, aux termes de l'article 2044 du Code civil, devant être terminées par écrit, voici le modèle d'une transaction sous seing-privé.

Si l'objet était bien important, peut-être faudrait-il la rédiger sur minute pardevant notaire, dans la crainte que l'une des parties perdît son double, et donnât par conséquent occasion à l'autre de faire revivre la contestation.

Transaction sous seing-privé.

Entre nous soussignés Jean-Baptiste Marchal, cultivateur demeurant à Toul, et Joseph Bellot, marchand de bestiaux, demeurant à Nancy, sont intervenues les conditions suivantes : Moi Jean-Baptiste Marchal, je consens à restreindre la demande que j'ai formée, par exploit du....... enregistré le....... pardevant le tribunal de Nancy, contre Joseph Bellot, aux fins d'un paiement de sept cents francs, pour prix de cinquante moutons, à celle de six cents francs ; de mon côté, moi, Joseph Bellot, je consens à payer la totalité des frais de l'instance ; et moi, Jean-Baptiste Marchal, j'ai reçu dudit Bellot la somme de six cents francs ci-dessus, qu'il me redoit au moyen de ladite réduction. Toutes actions, demandes en compte, relatives à cet objet, se trouvant éteintes et anéanties, les frais avancés par moi m'ayant également été remboursés par Bellot.

Fait double à Nancy, le.....

J'approuve l'écriture. Signé :

J'approuve l'écriture. Signé :

Nous finirons le titre des transactions en indiquant les causes de nullité que l'on peut invoquer contre ces actes. Elles sont au nombre de 13. Six s'appliquent à toutes les conventions et sept à ce contrat seulement.

Les six premières sont : 1° Le *dol.*—C. C. 2053. —2° La *violence.*—C. C. 1143. 2053.— 3° L'enreur. — C. C. 1110. 2053. — 4° *Un objet ou une cause illicite.*— C. C. 6. 1131.—5° *L'incapacité des contractans.* 6° *L'oubli des formalités,* lorsqu'elles sont exigées à peine de nullité.

Les sept autres formalités sont : 1° Lorsque l'acte n'a été précédé d'aucune contestation née ou à craindre. 2° Lorsque la contestation n'était que simulée. 3° Lorsque la transaction intervient entre co-héritiers pour faire cesser l'indivision, si l'un d'eux a éprouvé une lésion de plus d'un quart. — C. C. 887. 888. — 4° Si le titre était nul quand on a procédé à la transaction, à moins qu'elle n'ait porté sur cette nullité. — C. C. 2054. — 5° Si elle a été basée sur des pièces reconnues fausses depuis. — C. C. 2055. — 6° Si elle est établie sur un jugement passé en force de chose jugée, mais cependant *ignoré* des parties. — C. C. 2056. — 7° Si des titres nouvellement découverts établissent que les parties ont transigé sur un objet où l'une d'elles n'avait pas de droit. — C. C. 2057.

CHAP. II. — DU COMPROMIS.

Par le compromis, les parties en procès ou sur le point d'y entrer, nomment des arbitres pour les juger et promettent de s'en rapporter à leur décision.

Les parties néanmoins peuvent, dans ce compromis, se réserver ou s'interdire la faculté d'appeler du jugement arbitral. Pour compromettre, il faut avoir la libre disposition de l'objet en arbitrage ; d'ailleurs, dans cette opération on suit toutes les règles applicables à la transaction. Code de procédure. 1003.

Il y a trois manières de faire le compromis : 1° Pardevant notaires. 2° Par acte sous seing-privé. 3° Lorsqu'il arrive que les parties sont tombées d'accord sur le choix de leurs arbitres, elles peuvent les réunir, leur exposer l'objet sur lequel elles veulent compromettre. On ouvre alors un procès-verbal, qui, étant signé, lie les arbitres et les parties. Cette dernière manière de procéder est la plus simple. Il est important pour les arbitres d'observer que s'ils rendent leur jugement sur des titres non enregistrés, ils seront personnellement responsables des droits.

Modèle du compromis sous seing-privé.

Entre François Louis, propriétaire, d'une part, et Joseph Ledoux, négociant d'autre part, tous deux demeurant à Nancy, et également soussignés.

Pour terminer la contestation qui existe entre nous et dont l'objet consiste (établir ici les motifs de la contestation), il a été convenu ce qui suit :

Moi François Louis, je déclare nommer pour mon arbitre le sieur..... (mettre les nom, prénoms, qualité et demeure), et moi Joseph Ledoux, déclare également nommer pour mon arbitre le sieur..... (nom, qualité et demeure), lesquels ont plein pouvoir de prononcer sur la contestation précitée, à l'effet de quoi nous leur remettrons toutes les pièces de l'instance dans le délai de..... jours. Nous nous interdisons la faculté d'appeler ou de nous pourvoir en cassation. (Ou bien : les arbitres ne jugeront qu'en premier ressort), et en cas de partage d'avis, ils pourront nommer entr'eux un tiers-arbitre pour les départager. Fait double à....... le....... et avons signé.

J'approuve l'écriture.

Modèle du compromis devant les arbitres.

L'an mil huit cent quarante, le........ janvier pardevant nous (noms, prénoms, qualités et demeures des arbitres), arbitres nommés à l'effet de ce qui suit, et au domicile du sieur.......... l'un de nous ; se sont présentés les sieurs **François Louis**........ etc., et **Joseph Ledoux**........ etc., lesquels nous ont invité et même au besoin requis de statuer en dernier ressort (ou en premier ressort), sur la contestation qui subsiste entr'eux et dont l'objet est........ (établir ici les faits et les clauses particulières que l'on voudrait faire insérer au procès-verbal), et ont signé.

Nous arbitres avons donné aux parties acte de leur comparution, dires et réquisition, acceptant en conséquence les pouvoirs qu'elles nous ont ci-dessus déférés, nous nous déclarons constitués en tribunal arbitral, pour être par nous jugé en conformité desdits pouvoirs et avons signé.

Jugement.

Nous........ (noms, prénoms, qualités des arbitres), après avoir vu le procès-verbal dressé par nous, le........ ou bien l'expédition d'un acte authentique reçu en date du........ par........ notaire à la résidence de........ et enregistré le........ au bureau de........ par........ receveur qui a perçu les droits. Ou l'acte sous seing-privé sous la date du........ enregistré à........ le........ etc., à nous amiablement remis et contenant de la part de...... (noms, prénoms, demeures, qualités des parties), pouvoir à nous arbitres précités de procéder et statuer sur........ (indiquer le sujet de la contestation), après avoir pris communication des pièces, titres produits ; lesquels ont été visés par nous ; après avoir examiné les mémoires et écritures fournis par les parties........ (ou si les parties au lieu d'établir leurs moyens par écrit, ont comparu en personnes et exposé verbalement leurs moyens), parties ouïes en personnes ou par celles de........ défenseur de........ et par celles de........ celui de........

En fait.

Considérant qu'il s'agit de........ (établir le fait).

Considérant qu'en droit il s'agit de........ (établir le point de droit).

Attendu que........ (énoncer les motifs).

Nous arbitres disons que........ (faire le jugement), condamnons L........ aux dépens liquidés à la somme de........ ou dépens compensés.

CHAP. III. — DROIT. — ÉTAT CIVIL.

De la Naissance.

55. Les déclarations de naissance seront faites, dans les trois jours de l'accouchement, à l'officier de l'état civil du lieu; l'enfant lui sera présenté.

56. La naissance de l'enfant sera déclarée par le père, ou, à défaut du père, par les docteurs en médecine ou en chirurgie, sages-femmes, officiers de santé ou autres personnes qui auront assisté à l'accouchement; et, lorsque la mère sera accouchée hors de son domicile, par la personne chez qui elle sera accouchée.

L'acte de naissance sera rédigé de suite en présence de deux témoins.

58. Toute personne qui aura trouvé un enfant nouveau-né sera tenue de le remettre à l'officier de l'état civil, ainsi que les vêtemens et autres effets trouvés avec l'enfant, et de déclarer toutes les circonstances du temps et du lieu où il aura été trouvé.

Il en sera dressé un procès-verbal détaillé, qui énoncera en outre l'âge apparent de l'enfant, son sexe, les noms qui lui seront donnés, l'autorité civile à laquelle il sera remis : ce procès-verbal sera inscrit sur les registres.

Du Mariage.

66. Les actes d'opposition au mariage seront signés, sur l'original et sur la copie, par les opposans ou par leurs fondés de procuration spéciale et authentique; ils seront signifiés, avec la copie de la procuration, à la personne ou au domicile des parties, et à l'officier de l'état civil, qui mettra son *visa* sur l'original.

67. L'officier de l'état civil fera sans délai une mention sommaire des oppositions sur le registre des publications; il fera mention, en marge de l'inscription desdites oppositions, des jugemens ou des actes de main-levée dont expédition lui aura été remise.

68. En cas d'opposition l'officier de l'état civil ne pourra célébrer le mariage avant qu'on lui en ait remis la main-levée, sous peine de trois cents francs d'amende et de tous dommages-intérêts.

144. L'homme avant dix-huit ans révolus, la femme avant quinze ans révolus, ne peuvent contracter mariage.

145. Néanmoins il est loisible au roi d'accorder les dispenses d'âge pour des motifs graves.

148. Le fils qui n'a pas atteint l'âge de vingt-cinq ans accomplis, la fille qui n'a pas atteint l'âge de vingt-un ans accomplis, ne peuvent contracter mariage sans le consentement de leurs père et mère: en cas de dissentiment, le consentement du père suffit.

149. Si l'un des deux est mort, ou s'il est dans l'impossibilité de manifester sa volonté, le consentement de l'autre suffit.

150. Si le père et la mère sont morts, ou s'ils sont dans l'impossibilité de manifester leur volonté, les aïeuls et aïeules les remplacent. S'il y a dissentiment entre l'aïeul et l'aïeule de la même ligne, il suffit du consentement de l'aïeul.

S'il y a dissentiment entre les deux lignes, ce partage emportera consentement.

151. Les enfans de famille ayant atteint la majorité fixée par l'article 148 sont tenus, avant de contracter mariage, de demander, par un acte respectueux et formel, le conseil de leur père et de leur mère, ou celui de leurs aïeuls et aïeules lorsque leur père et leur mère sont décédés, ou dans l'impossibilité de manifester leur volonté.

152. Depuis la majorité fixée par l'article 148 jusqu'à l'âge de trente ans accomplis pour les fils, et jusqu'à l'âge de vingt-cinq ans accomplis pour les filles, l'acte respectueux prescrit par l'article précédent, sur lequel il n'y aurait pas de consentement au mariage, sera renouvelé deux autres fois, de mois en mois; et, un mois après le troisième acte, il pourra être passé outre à la célébration du mariage.

153. Après l'âge de trente ans il pourra être, à défaut du consentement sur un acte respectueux, passé outre, un mois après, à la célébration du mariage.

154. L'acte respectueux sera notifié à celui ou ceux des ascendans désignés en l'article 151, par deux notaires, ou par un notaire et deux témoins; et, dans le procès-verbal qui doit en être dressé, il sera fait mention de la réponse.

159. L'enfant naturel qui n'a point été reconnu, et celui qui, après l'avoir été, a perdu ses père et mère, ou dont les père et mère ne peuvent manifester leur volonté, ne pourra, avant l'âge de vingt-un ans révolus, se marier qu'après avoir obtenu le consentement d'un tuteur *ad hoc* qui lui sera nommé.

160. S'il n'y a ni père ni mère, ni aïeuls ni aïeules, ou s'ils se trouvent tous dans l'impossibilité de manifester leur volonté, les fils ou filles mineurs

de vingt-un ans ne peuvent contracter mariage sans le consentement du conseil de famille.

172. Le droit de former opposition à la célébration du mariage appartient à la personne engagée par mariage avec l'une des deux parties contractantes.

173. Le père, et, à défaut du père, la mère, et à défaut de père et mère, les aïeuls et aïeules, peuvent former opposition au mariage de leurs enfans et descendans, encore que ceux-ci aient vingt-cinq ans accomplis.

174. A défaut d'aucun ascendant, le frère ou la sœur, l'oncle ou la tante, le cousin ou la cousine germains, majeurs, ne peuvent former aucune opposition que dans les deux cas suivans :

1° Lorsque le consentement du conseil de famille requis par l'article 160 n'a pas été obtenu ;

2° Lorsque l'opposition est fondée sur l'état de démence du futur époux. Cette opposition, dont le tribunal pourra prononcer main-levée pure et simple, ne sera jamais reçue qu'à la charge, par l'opposant, de provoquer l'interdiction, et d'y faire statuer dans le délai qui sera fixé par le jugement.

175. Dans les deux cas prévus par le précédent article le tuteur ou curateur ne pourra, pendant la durée de la tutelle ou curatelle, former opposition qu'autant qu'il y aura été autorisé par un conseil de famille, qu'il pourra convoquer.

Des Obligations qui naissent du Mariage.

203. Les époux contractent ensemble, par l'effet seul du mariage, l'obligation de nourrir, entretenir et élever leurs enfans

204. L'enfant n'a pas d'action contre ses père et mère pour un établissement par mariage ou autrement.

205. Les enfans doivent des alimens à leurs père et mère et autres ascendans qui sont dans le besoin.

206. Les gendres et belles-filles doivent également, et dans les mêmes circonstances, des alimens à leurs beau-père et belle-mère, mais cette obligation cesse 1° lorsque la belle-mère a convolé en secondes noces; 2° lorsque celui des époux qui produisait l'affinité et les enfans issus de son union avec l'autre époux sont décédés.

207. Les obligations résultant de ces dispositions sont réciproques.

210. Si la personne qui doit fournir les alimens justifie qu'elle ne peut payer la pension alimentaire, le tribunal pourra, en connaissance de cause, ordonner qu'elle recevra dans sa demeure, qu'elle nourrira et entretiendra celui auquel elle devra des alimens.

De l'Adoption.

343. L'adoption n'est permise qu'aux personnes de l'un ou de l'autre sexe, âgées de plus de cinquante ans, qui n'auront, à l'époque de l'adoption, ni enfans, ni descendans légitimes, et qui auront au moins quinze ans de plus que les individus qu'elles se proposent d'adopter.

345. La faculté d'adopter ne pourra être exercée qu'envers l'individu à qui l'on aura, dans sa minorité et pendant six ans au moins, fourni des secours et donné des soins non interrompus, ou envers celui qui aurait sauvé la vie à l'adoptant, soit dans un combat, soit en le retirant des flammes ou des flots.

Il suffira, dans ce deuxième cas, que l'adoptant soit majeur, plus âgé que l'adopté, sans enfans ni descendans légitimes; et, s'il est marié, que son conjoint consente à l'adoption.

349. L'obligation naturelle, qui continuera

d'exister entre l'adopté et ses père et mère, de se fournir des alimens dans les cas déterminés par la loi, sera considérée comme commune à l'adoptant et à l'adopté, l'un envers l'autre.

De la Puissance paternelle.

371. L'enfant, à tout âge, doit honneur et respect à ses père et mère.

372. Il reste sous leur autorité jusqu'à sa majorité ou son émancipation.

373. Le père seul exerce cette autorité durant le mariage.

374. L'enfant ne peut quitter la maison paternelle sans la permission de son père, si ce n'est pour enrôlement volontaire, après l'âge de dix-huit ans révolus.

375. Le père qui aura des sujets de mécontentement très-graves sur la conduite d'un enfant, aura les moyens de correction suivans.

376. Si l'enfant est âgé de moins de seize ans commencés, le père pourra le faire détenir pendant un temps qui ne pourra excéder un mois; et, à cet effet, le président du tribunal d'arrondissement devra, sur sa demande, délivrer l'ordre d'arrestation.

377. Depuis l'âge de seize ans commencés jusqu'à la majorité ou l'émancipation, le père pourra seulement requérir la détention de son enfant pendant six mois au plus, il s'adressera au président dudit tribunal, qui, après en avoir conféré avec le procureur du roi, délivrera l'ordre d'arrestation ou le refusera, et pourra, dans le premier cas, abréger le temps de la détention requis par le père.

384. Le père, durant le mariage, et après la dissolution du mariage, le survivant des père et mère, auront la jouissance des biens de leurs enfans jusqu'à l'âge de dix-huit ans accomplis, ou

jusqu'à l'émancipation qui pourrait avoir lieu avant l'âge de dix-huit ans.

De la Minorité.

388. Le mineur est l'individu de l'un et de l'autre sexe qui n'a point encore l'âge de vingt-un ans accomplis.

De la Tutelle des Père et Mère et de son Administration.

389. Le père est, durant le mariage, administrateur des biens personnels de ses enfans mineurs.

Il est comptable, quant à la propriété et aux revenus, des biens dont il n'a pas la jouissance ; et quant à la propriété seulement de ceux des biens dont la loi lui donne l'usufruit.

394. La mère (après la mort de l'époux), n'est point tenue d'accepter la tutelle ; néanmoins, et en cas qu'elle la refuse, elle devra en remplir les devoirs jusqu'à ce qu'elle ait fait nommer un tuteur.

433. Tout individu âgé de soixante-cinq ans accomplis peut refuser d'être tuteur. Celui qui aura été nommé avant cet âge pourra, à soixante-dix ans, se faire décharger de la tutelle.

450. Le tuteur prendra soin de la personne du mineur, et le représentera dans tous les actes civils.

Il administrera ses biens en bon père de famille, et répondra des dommages-intérêts qui pourraient résulter d'une mauvaise gestion.

Il ne peut ni acheter les biens du mineur ni les prendre à ferme à moins que le conseil de famille n'ait autorisé le subrogé tuteur à lui en passer bail, ni accepter la cession d'aucun autre droit ou créance contre son pupille.

451. Dans les dix jours qui suivront celui de sa nomination dûment connue de lui, le tuteur requerra la levée des scellés s'ils ont été apposés, et fera procéder immédiatement à l'inventaire des biens du mineur en présence du subrogé tuteur.

S'il lui est dû quelque chose par le mineur, il devra le déclarer dans l'inventaire, à peine de déchéance; et ce, sur la réquisition que l'officier public sera tenu de lui en faire, et dont mention sera faite au procès-verbal.

452. Dans le mois qui suivra la clôture de l'inventaire, le tuteur fera vendre, en présence du subrogé tuteur, aux enchères reçues par un officier public, et après les affiches ou publications dont le procès-verbal de vente fera mention, tous les meubles autres que ceux que le conseil de famille l'aurait autorisé à conserver en nature.

454. Lors de l'entrée en exercice de tutelle autre que celle des père et mère, le conseil de famille réglera par aperçu, et selon l'importance des biens régis, la somme à laquelle pourra s'élever la dépense annuelle du mineur, ainsi que celle d'administration de ses biens.

Le même acte spécifiera si le tuteur est autorisé à s'aider, dans sa gestion, d'un ou plusieurs administrateurs particuliers salariés, et gérant sous sa responsabilité.

455. Ce conseil déterminera positivement la somme à laquelle commencera, pour le tuteur, l'obligation d'employer l'excédant des revenus sur la dépense: cet emploi devra être fait dans le délai de six mois, passé lequel le tuteur devra les intérêts à défaut d'emploi.

456. Si le tuteur n a pas fait déterminer par le conseil de famille la somme à laquelle doit commencer l'emploi, il devra, après le délai exprimé dans l'article précédent, les intérêts de toute somme non employée, quelque modique qu'elle soit.

457. Le tuteur, même le père ou la mère, ne peut emprunter pour _____ ni aliéner ou hy-

potbéquer ses biens immeubles sans y être autorisé par un conseil de famille.

Cette autorisation ne devra être accordée que pour cause d'une nécessité absolue ou d'un avantage évident.

Dans le premier cas, le conseil de famille n'accordera son autorisation qu'après qu'il aura été constaté, par un compte sommaire présenté par le tuteur que les derniers effets mobiliers et revenus du mineur sont insuffisans.

Le conseil de famille indiquera, dans tous les cas, les immeubles qui devront être vendus de préférence, et toutes les conditions qu'il jugera utiles.

461. Le tuteur ne pourra accepter ni répudier une succession échue au mineur sans une autorisation préalable du conseil de famille. L'acceptation n'aura lieu que sous bénéfice d'inventaire.

Des comptes de la tutelle.

469. Tout tuteur est comptable de sa gestion lorsqu'elle finit.

471. Le compte définitif de tutelle sera rendu au dépens du mineur lorsqu'il aura atteint sa majorité ou obtenu son émancipation. Le tuteur en avancera les frais.

On y allouera au tuteur toutes dépenses suffisamment justifiées, et dont l'objet sera utile.

472. Tout traité qui pourra intervenir entre le tuteur et le mineur devenu majeur sera nul, s'il n'a été précédé de la reddition d'un compte détaillé, et de la remise des pièces justificatives, le tout constaté par un récépissé de l'oyant-compte dix jours au moins avant le traité.

De l'Emancipation.

476. Le mineur est émancipé de plein droit par le mariage.

477. Le mineur, même non marié, pourra être émancipé par son père, ou, à défaut de père, par sa mère lorsqu'il aura atteint l'âge de quinze ans révolus.

Cette émancipation s'opérera par la seule déclaration du père ou de la mère, reçue par le juge de paix assisté de son greffier.

478. Le mineur resté sans père ni mère pourra aussi, mais seulement à l'âge de 18 ans accomplis, être émancipé, si le conseil de famille l'en juge capable.

En ce cas l'émancipation résultera de la délibération qui l'aura autorisée, et de la déclaration que le juge de paix, comme président du conseil de famille, aura faite dans le même acte, *que le mineur est émancipé.*

De la Majorité.

488. La majorité est fixée à vingt-un ans accomplis ; à cet âge on est capable de tous les actes de la vie civile, sauf la restriction portée au titre *du Mariage.*

De l'Interdiction.

489. Le majeur qui est dans un état habituel d'imbécillité, de démence ou de fureur, doit être interdit, même lorsque cet état présente des intervalles lucides.

490. Tout parent est recevable à provoquer l'interdiction de son parent : Il en est de même de l'un des époux à l'égard de l'autre.

501. Tout arrêt ou jugement portant interdiction, ou nomination d'un conseil, sera, à la diligence des demandeurs, levé, signifié à partie, et inscrit, dans les dix jours, sur les tableaux qui doivent être affichés dans la salle de l'auditoire et dans les études des notaires de l'arrondissement.

502. L'interdiction ou la nomination d'un conseil aura son effet du jour du jugement. Tous actes passés postérieurement par l'interdit, ou sans l'assistance du conseil, seront nuls de droit.

503. Les actes antérieurs à l'interdiction pourront être annulés, si la cause de l'interdiction existait notoirement à l'époque où ces actes ont été faits.

506. Le mari est, de droit, le tuteur de sa femme interdite.

509. L'interdit est assimilé au mineur, pour sa personne et pour ses biens : les lois sur la tutelle des mineurs s'appliqueront à la tutelle des interdits.

510. Les revenus d'un interdit doivent être essentiellement employés à adoucir son sort et à accélérer sa guérison. Selon les caractères de sa maladie et l'état de sa fortune, le conseil de famille pourra arrêter qu'il sera traité dans son domicile, ou qu'il sera placé dans une maison de santé, et même dans un hospice.

512. L'interdiction cesse avec les causes qui l'ont déterminée : néanmoins la main-levée ne sera prononcée qu'en observant les formalités prescrites pour parvenir à l'interdiction, et l'interdit ne pourra reprendre l'exercice de ses droits qu'après le jugement de main-levée.

Du Conseil Judiciaire.

La loi donne un conseil judiciaire : à ceux qui, à raison de la faiblesse de leur esprit, sont hors d'état de gouverner seuls leurs biens, quoique d'ailleurs ils ne soient pas entièrement incapables de faire les actes de simple administration. (Code Civil, 499

513. Il peut être défendu aux prodigues de plaider, de transiger, d'emprunter, de recevoir un capital mobilier et d'en donner décharge, d'aliéner ni de grever leurs biens d'hypothèques, sans l'as-

sistance d'un conseil qui leur est nommé par le tribunal.

514. La défense de procéder sans l'assistance d'un conseil, peut être provoquée par ceux qui ont droit de demander l'interdiction ; leur demande doit être instruite et jugée de la même manière.

Cette défense ne peut être levée qu'en observant les mêmes formalités.

515. Aucun jugement, en matière d'interdiction, ou de nomination de conseil, ne pourra être rendu, soit en première instance, soit en cause d'appel, que sur les conclusions du ministère public.

CHAP. IV.—DES INDIVIDUS INCAPABLES DE CONTRACTER.

Ceux qui n'ont pas le libre exercice de leurs droits, sont :

1° Les accusés contumaces ;

2° Les condamnés par contumace ;

3° Les condamnés contradictoirement à peine non emportant mort civile ;

4° Les morts civilement ;

5° Les mineurs non émancipés ;

6° Les mineurs émancipés, pour certaines actions ;

7° Les interdits ;

8° Ceux qui sont mis sous l'assistance d'un conseil ;

9° Les femmes mariées.

Des Accusés contumaces.

On appelle contumace, l'accusé qui, après un avis de mise en accusation, ne se présente pas dans les dix jours de la notification faite à son domicile. Le président de la cour d'assises rend une ordonnance portant que le contumace est tenu de se présenter dans un nouveau délai de dix jours ; sinon il est déclaré rebelle à la loi, suspendu de l'exercice de *ses droits de citoyen*. Ses biens *sont séquestrés :* toute action en justice lui est interdite.

L'administration des biens du contumace est déférée à la régie du domaine et de l'enregistrement.

Des Condamnés par contumace.

Si le contumace est condamné, ses biens seront, à partir de l'exécution de l'arrêt, considérés, régis comme biens d'absent ; et le compte du séquestre sera rendu à qui il appartiendra, après que la condamnation sera devenue irrévocable, par l'expiration du délai pour purger la contumace. (Code d'Inst. crim. 471).

Les peines criminelles se prescrivent par 20 années. Celles correctionnelles par 5 années. (*Ib.* 635. 636.)

Des Morts civilement ; de la privation de leurs Droits.

Cod. C. Art. 22. Les condamnations à des peines dont l'effet est de priver celui qui est condamné, de toute participation aux droits civils ci-après exprimés emporteront la mort civile.

23. La condamnation à la mort naturelle emportera la mort civile.

24. Les autres peines afflictives perpétuelles n'emporteront la mort civile qu'autant que la loi y aurait attaché cet effet.

25. Par la mort civile le condamné perd la propriété de tous les biens qu'il possédait : sa succession est ouverte au profit de ses héritiers, auxquels ses biens sont dévolus de la même manière que s'il était mort naturellement et sans testament.

Il ne peut plus ni recueillir aucune succession, ni transmettre, à ce titre, les biens qu'il a acquis par la suite.

Il ne peut ni disposer de ses biens, en tout ou

en partie, soit par donation entre-vifs, soit par testament, ni recevoir à ce titre, ci ce n'est pour cause d'alimens.

Il ne peut être nommé tuteur, ni concourir aux opérations relatives à la tutelle.

Il ne peut être témoin dans un acte solennel ou authentique, ni être admis à porter témoignage en justice.

Il ne peut procéder en justice, ni en défendant ni en demandant, que sous le nom et par le ministère d'un curateur spécial, qui lui est nommé par le tribunal où l'action est portée.

Il est incapable de contracter un mariage qui produise aucun effet civil.

Le mariage qu'il avait contracté précédemment est dissous quant à tous ses effets civils.

Son épouse et ses héritiers peuvent exercer respectivement les droits et les actions auxquels sa mort naturelle donnerait ouverture.

26. Les condamnations contradictoires n'emportent la mort civile qu'à compter du jour de leur exécution, soit réelle, soit par effigie

27. Les condamnations par contumace n'emporteront la mort civile qu'après les cinq années qui suivront l'exécution du jugement par effigie, et pendant lesquelles le condamné peut se représenter.

28. Les condamnés par contumace seront pendant les cinq ans, ou jusqu'à ce qu'ils se représentent ou qu'ils soient arrêtés pendant ce délai, privés de l'exercice des droits civils.

Leurs biens seront administrés et leurs droits exercés de même que ceux des absens.

29. Lorsque le condamné par contumace se présentera volontairement dans les cinq années, à compter du jour de l'exécution, ou lorsqu'il aura été saisi et constitué prisonnier dans ce délai, le jugement sera anéanti de plein droit; l'accusé sera

remis en possession de ses biens ; il sera jugé de nouveau ; et, si par ce nouveau jugement, il est condamné à la même peine ou à une peine différente, emportant également la mort civile, elle n'aura lieu qu'à compter du jour de l'exécution du second jugement.

3o. Lorsque le condamné par contumace qui ne se sera représenté, ou qui n'aura été constitué prisonnier, qu'après les cinq ans, sera absous par le nouveau jugement, ou n'aura été condamné qu'à une peine qui n'emportera pas la mort civile, il rentrera dans la plénitude de ses droits civils pour l'avenir, et à compter du jour où il aura reparu en justice : mais le premier jugement conservera, pour le passé, les effets que la mort civile avait produits dans l'intervalle écoulé depuis l'époque de l'expiration des cinq ans jusqu'au jour de sa comparution en justice.

31. Si le condamné par contumace meurt dans le délai de grâce des cinq années sans s'être représenté, ou sans avoir été saisi ou arrêté, il sera réputé mort dans l'intégrité de ses droits. Le jugement de contumace sera anéanti de plein droit, sans préjudice néanmoins de l'action de la partie civile, laquelle ne pourra être intentée contre les héritiers du condamné que par la voie civile.

32. En aucun cas la prescription de la peine ne réintégrera le condamné dans ses droits civils pour l'avenir.

33. Les biens acquis par le condamné depuis la mort civile encourue, et dont il se trouvera en possession au jour de sa mort naturelle, appartiendront à l'état par droit de déshérence.

Néanmoins il est loisible au roi de faire, au profit de la veuve, des enfans ou parens du condamné, telles dispositions que l'humanité lui suggérera.

Des Mineurs non émancipés.

Les mineurs non émancipés sont généralement incapables d'exercer toutes espèces d'actions. Il y a exception à ce principe lorsque l'intérêt du mineur exige une prompte interposition de la justice. Il peut actionner sans le concours de son tuteur, sauf à celui-ci à continuer l'instance (argument tiré de l'article 2194 du code civil, qui autorise les mineurs, les interdits à prendre inscription sur les biens de leur tuteur). Si un mineur, pour interrompre la prescription de cinq ans, à laquelle il est soumis comme les majeurs (*ib.* 2278), actionnait son débiteur, la prescription serait interrompue, l'action serait valable.

Hors ce cas, et autres semblables, le mineur ne peut exercer ses droits.

Des Mineurs émancipés.

Les mineurs émancipés ont l'exercice de leurs droits, quant aux actions procédant de l'administration de leurs biens, et non quant à celles concernant leurs capitaux et leurs immeubles, qu'ils ne peuvent intenter que sous l'assistance d'un curateur. Dans tous les cas le mineur émancipé ne peut actionner seul. — C. C. 482.

Des Interdits.

La loi range les interdits pour cause d'imbécilité, de démence ou de fureur dans la même classe que les mineurs quant à leur capacité. Ainsi il faut appliquer ce qui est dit à l'article du *mineur non émancipé*. Si les intérêts de l'interdit et de son tuteur sont en opposition, c'est au subrogé tuteur à actionner. — C. C. 505, 509, et 420.

Lorsque l'action est *mobilière* les tuteurs des mineurs non émancipés, émancipés et interdits, n'ont pas besoin d'autorisation pour l'exercer.

Des personnes mises sous l'assistance d'un conseil.

Elles ne peuvent plaider, pour quelques causes que ce soit, sans l'assistance du conseil nommé par le tribunal. — C. C. 499, 513.

Des Femmes mariées.

Le principe de l'autorité maritale, indiqué par la nature, consacré par la loi, défend à l'épouse d'ester en jugement sans l'autorisation de son mari. — C. C. 213, 215. — Il n'y a point d'exception à cette règle, en matière civile.

Une femme n'est pas réputée marchande publique, si elle ne fait que détailler les marchandises de son mari, mais seulement quand elle fait un commerce séparé; alors elle peut s'engager pour ce qui concerne *son négoce.* — C. C. 220. — Les actions exercées par la femme *marchande publique*, ne peuvent être que mobilières. Néanmoins pour paraître en justice il lui faut toujours l'autorisation de son mari, ou à défaut de cette autorisation celle du juge.

La femme mineure est émancipée par le fait du mariage. — C. C. 476. — Le mari est de droit son curateur, s'il est majeur.

Si le mari refuse d'autoriser sa femme, après avoir fait une sommation à son mari, elle présente une requête au président du tribunal, aux fins d'être autorisée à poursuivre ses droits.

L'autorisation ne peut être donnée que par un jugement du tribunal, le mari étant assigné et le ministère public entendu.

Des donations entre-vifs et des testamens; de la capacité de recevoir ou de disposer.

893. On ne pourra disposer de ses biens, à titre gratuit, que par donation entre-vifs ou par testament, dans les formes ci-après établies.

9o1. Pour faire une donation entre-vifs ou un testament, il faut être sain d'esprit.

9o2. Toutes personnes peuvent disposer et recevoir, soit par donation entre-vifs, soit par testament, excepté celles que la loi en déclare incapables.

9o3. Le mineur âgé de moins de seize ans ne pourra aucunement disposer, sauf ce qui est réglé au chapitre IX du présent titre.

9o4. Le mineur parvenu à l'âge de seize ans, ne pourra disposer que par testament, et jusqu'à concurrence seulement de la moitié des biens dont la loi permet au majeur de disposer.

9o5. La femme mariée ne pourra donner entre-vifs sans l'assistance ou le consentement spécial de son mari, ou sans y être autorisée par la justice, conformément à ce qui est prescrit par les articles 217 et 219, au titre *du Mariage*.

Elle n'aura besoin ni du consentement du mari ni d'autorisation de la justice pour disposer par testament.

9o6. Pour être capable de recevoir entre-vifs, il suffit d'être conçu au moment de la donation; pour être capable de recevoir par testament il suffit d'être conçu à l'époque du décès du testateur.

Néanmoins la donation ou le testament n'auront leur effet qu'autant que l'enfant sera né viable.

9o7. Le mineur, quoique parvenu à l'âge de seize ans, ne pourra, même par testament, disposer au profit de son tuteur.

Le mineur devenu majeur, ne pourra disposer, soit par donation entre-vifs, soit par testament, au profit de celui qui aura été son tuteur, si le compte définitif de la tutelle n'a été préalablement rendu et apuré.

Sont exceptés, dans les deux cas ci-dessus, les ascendans des mineurs qui sont ou qui ont été leurs tuteurs.

908. Les enfans naturels ne pourront, par donation entre-vifs ou par testament, rien recevoir au-delà de ce qui leur est accordé au titre *des Successions.*

909. Les docteurs en médecine ou en chirurgie, officiers de santé et les pharmaciens qui auront traité une personne pendant la maladie dont elle meurt, ne pourront profiter des dispositions entre-vifs ou testamentaires qu'elle aurait faites en leur faveur pendant le cours de cette maladie.

Sont exceptées, 1° les dispositions rémunératoires faites à titre particulier, eu égard aux facultés du disposant et aux services rendus;

2° Les dispositions universelles dans le cas de parenté jusqu'au quatrième degré exclusivement, pourvu toute fois que le décédé n'ait pas d'héritiers en ligne directe, à moins que celui au profit de qui la disposition a été faite ne soit lui-même du nombre de ses héritiers.

Les mêmes règles seront observées à l'égard du ministre du culte.

910. Les dispositions entre-vifs ou par testament, au profit des hospices, des pauvres d'une commune ou d'établissemens d'utilité publique, n'auront leur effet qu'autant qu'elles seront autorisées par une ordonnance royale.

911. Toute disposition au profit d'un incapable sera nulle, soit qu'on la déguise sous la forme d'un contrat onéreux, soit qu'on la fasse sous le nom de personnes interposées. Sont réputées personnes interposées les père et mère, les enfans et descendans, et l'époux de la personne incapable.

912. On ne pourra disposer au profit d'un étranger que dans le cas où cet étranger pourrait disposer au profit d'un Français.

2

De la forme des donations entre-vifs.

931. Tous actes portant donation entre-vifs seront passés devant notaire dans la forme ordinaire des contrats, et il en restera minute sous peine de nullité.

CHAP. V. — DES OBLIGATIONS; DES CONVENTIONS; DES CONTRATS; DE LA VENTE, EN GÉNÉRAL.

Il est de l'essence des obligations, 1° qu'il y ait une cause d'où naisse l'obligation; 2° des personnes entre lesquelles elle se contracte, enfin quelque chose qui en soit l'objet.

Les causes des obligations sont les contrats, les quasi contrats, les délits, les quasi délits, quelquefois la loi ou l'équité seule.

Un contrat est une espèce de convention. Pour savoir ce que c'est qu'un contrat, il est donc préalable de savoir ce que c'est qu'une convention.

Une convention ou un pacte, est le consentement de deux ou plusieurs personnes, pour former entr'elles quelques engagemens, ou pour en résoudre un précédent, ou pour le modifier.

Le contrat renferme le concours des volontés de deux personnes dont l'une promet quelque chose à l'autre, et l'autre accepte la promesse qui lui est faite.

Les vices qui peuvent se rencontrer dans les contrats, sont l'*erreur*, la *violence*, le *dol*, la *lésion*, le *défaut de cause dans l'engagement*.

L'*erreur* est le plus grand vice des conventions, car les conventions sont formées par le consentement des parties, et il ne peut y avoir de consentement, lorsque les parties ont erré sur l'objet de leur convention.

C'est pourquoi si quelqu'un entend me vendre une chose, et que j'entende la recevoir à titre de prêt ou par présent, il n'y a en ce cas ni vente, ni prêts, ni donation.

Celui dont le consentement a été extorqué par la violence, peut ou bien ses héritiers ou cession-naires, peuvent le faire annuler.

On appelle *dol*, toute espèce d'artifice dont quelqu'un se sert pour en tromper un autre ; ainsi lorsqu'une partie a été engagée à contracter par le dol de l'autre, le contrat est vicieux et peut être annulé.

La *lésion*, existe dans plusieurs circonstances et donne lieu à rescision.

En matière de partage, lorsqu'un des co-héritiers établit, à son préjudice une lésion de plus du quart. — C. C. 887.

En matière de vente, le vendeur a le droit de demander rescision de la vente, s'il a été lésé de plus de sept douzièmes dans le prix d'un immeuble. — C. C. 1674. — Et au contraire la rescision pour cause de lésion n'a jamais lieu en faveur de l'acheteur — C. C. 1683.

Tout engagement n'ayant aucune cause, ou lorsque la cause stipulée est fausse, ou blesse la justice, la bonne foi ou les bonnes mœurs est nul.

DE LA VENTE.

1582. La vente est une convention par laquelle l'un s'oblige à livrer une chose, et l'autre à la payer.

Elle peut être faite par acte authentique ou sous seing-privé.

1583. Elle est parfaite entre les parties, et la pro-priété est acquise de droit à l'acheteur, à l'égard du vendeur dès qu'on est convenu de la chose et du prix, quoique la chose n'ait pas encore été livrée ni le prix payé.

1584. La vente peut être faite purement et simplement, ou sous une condition soit suspensive, soit résolutoire.

Elle peut aussi avoir pour objet deux ou plusieurs choses alternatives.

Dans tous ces cas son effet est réglé par les principes généraux des conventions.

1585. Lorsque des marchandises ne sont pas vendues en bloc, mais au poids, au compte ou à la mesure, la vente n'est point parfaite, en ce sens que les choses vendues sont aux risques du vendeur jusqu'à ce qu'elles soient pesées, comptées ou mesurées ; mais l'acheteur peut en demander ou la délivrance, ou des dommages-intérêts, s'il y a lieu, en cas d'inexécution de l'engagement.

1586. Si au contraire les marchandises ont été vendues en bloc, la vente est parfaite quoique les marchandises n'aient pas encore été pesées, comptées ou mesurées.

1587. A l'égard du vin, de l'huile, et des autres choses que l'on est dans l'usage de goûter avant d'en faire achat, il n'y a point de vente tant que l'acheteur ne les a pas goûtées et agréées.

1588. La vente faite à l'essai est toujours présumée faite sous une condition suspensive.

1589. La promesse de vente vaut vente lorsqu'il y a consentement réciproque des deux parties sur la chose et sur le prix.

1590. Si la promesse de vendre a été faite avec des arrhes, chacun des contractans est maître de s'en départir.

Celui qui les a données, en les perdant,

Et celui qui les a reçues, en restituant le double.

1591. Le prix de la vente doit être déterminé et désigné par les parties.

1592. Il peut cependant être laissé à l'arbitrage d'un tiers : si le tiers ne veut ou ne peut faire l'estimation, il n'y a point de vente.

Qui peut acheter ou Vendre.

1594. Tous ceux auxquels la loi ne l'interdit pas, peuvent acheter ou vendre.

1595. Le contrat de vente ne peut avoir lieu entre époux que dans les trois cas suivans : 1° celui où l'un des deux époux cède des biens à l'autre, séparé judiciairement d'avec lui, en paiement de ses droits ;

2°. Celui où la cession que le mari fait à sa femme même non séparée, a une cause légitime, tel que le remploi de ses immeubles aliénés, ou de deniers à elle appartenans, si ces immeublés ou deniers ne tombent pas en communauté.

3° Celui où la femme cède des biens à son mari en paiement d'une somme qu'elle lui aurait promise en dot, et lorsquil y a exclusion de communauté, sauf, dans ces trois cas, les droits des héritiers des parties contractantes, s'il y a avantage indirect.

1596. Ne peuvent se rendre adjudicataires, sous peine de nullité, par eux-mêmes, ni par personnes interposées :

Les tuteurs, des biens de ceux dont ils ont la tutelle ;

Les mandataires, des biens qu'ils sont chargés de vendre.

Les administrateurs, de ceux des communes, ou des établissemens publics confiés à leurs soins ;

Les officiers publics, des biens nationaux dont les ventes se font par leur ministère.

Des choses qui peuvent être vendues, des obligations du vendeur et de l'acheteur.

1598. Tout ce qui est dans le commerce peut être vendu, lorsque des lois particulières n'ent ont pas prohibé l'aliénation.

1600. On ne peut vendre la succession d'une personne vivante même de son consentement.

1601. Si, au moment de la vente, la chose vendue était périe en totalité, la vente serait nulle.

Si une partie seulement de la chose est périe, il est aux choix de l'aquéreur d'abandonner la vente, ou de demander la partie conservée, en faisant déterminer le prix par la ventilation

1602. Le vendeur est tenu d'expliquer clairement ce à quoi il s'oblige.

Tout pacte obscur ou ambigu s'interprète contre le vendeur.

1650. La principale obligation de l'acheteur est de payer le prix au jour et au lieu réglé par la vente.

1651. S'il n'a rien éte réglé à cet égard lors de la vente, l'acheteur doit payer au lieu et dans le temps où doit se faire la délivrance.

De l'echange.

1702. L'échange est un contrat par lequel les parties se donnent respe. tivement une chose pour une autre.

1703. L'échange s'opère, par le seul consentement de la même manière que la vente.

1706. La rescision pour cause de lésion n'a pas lieu dans le contrat d'échange.

Du louage.

1708. Il y a deux sortes de contrats de louage:
Celui des choses,
Et celui d'ouvrage.
Les choses sont toutes sortes de biens meubles et immeubles. — C. C. 1713.

Du louage des domestiques.

1780. On ne peut engager ses services qu'à temps, ou par une entreprise déterminée.

1781. Le maître est cru sur son affirmation;

Pour la quotité des gages;

Pour le paiement du salaire de l'année échue;

Et pour les à-comptes donnés pour l'année courante.

Des Devis et Marchés.

1792. Si l'édifice construit à prix fait, périt en tout ou en partie par le vice de la construction, même par le vice du sol, les architectes et entrepreneurs en sont responsables pendant dix ans.

1793. Lorsqu'un architecte ou un entrepreneur s'est chargé de la construction à forfait d'un bâtiment d'après un plan arrêté et convenu avec le propriétaire du sol, il ne peut demander aucune augmentation de prix, ni sous le prétexte de l'augmentation de la main-d'œuvre ou des matériaux, ni sous celui de changemens ou d'augmentations faits sur ce plan, si ces changemens ou augmentations n'ont pas été autorisés par écrit, et le prix convenu avec le propriétaire.

1797. L'entrepreneur répond du fait des personnes qu'il emploie.

1799. Les maçons, charpentiers, serruriers et autres ouvriers qui font directement des marchés à prix fait, sont astreints aux règles prescrites par l'article 1792; ils sont entrepreneurs dans la partie qu'ils traitent.

Du Jeu et du Pari.

1965. La loi n'accorde aucune action pour une dette de jeu ou pour le paiement d'un pari.

1966. Les jeux propres à exercer au fait des armes, les courses à pied ou à cheval, les courses de chariot, le jeu de paume et autres jeux de même nature qui tiennent à l'adresse et à l'exercice du corps sont exceptés de la disposition précédente.

Néanmoins le tribunal peut rejeter la demande quand la somme lui paraît excessive.

1967. Dans aucun cas, le perdant ne peut répéter ce qu'il a volontairement payé, à moins qu'il n'y ait eu, de la part du gagnant, dol, supercherie ou escroquerie.

DES DIFFÉRENTES PRESCRIPTIONS.

De la Prescription trentenaire.

2262. Toutes les actions, tant réelles que personnelles, sont prescrites par trente ans, sans que celui qui allègue cette prescription soit obligé d'en rapporter un titre, ou qu'on puisse lui opposer l'exception déduite de la mauvaise foi.

De la Prescription par dix et vingt ans.

2265. Celui qui acquiert de bonne foi et par juste titre un immeuble, en prescrit la propriété par dix ans si le véritable propriétaire habite dans le ressort de la cour royale dans l'étendue de laquelle l'immeuble est situé, et par vingt ans s'il est domicilié hors dudit ressort.

2270. Après dix ans l'architecte et les entrepreneurs sont déchargés de la garantie des gros ouvrages qu'ils ont faits ou dirigés.

De quelques Prescriptions particulières.

2271. L'action des maîtres et instituteurs des sciences et arts, pour les leçons qu'ils donnent au mois;

Celle des hôteliers et traiteurs, à raison du logement et de la nourriture qu'ils fournissent;

Celle des ouvriers et gens de travail pour le paiement de leurs journées, fournitures et salaires,

Se prescrivent par six mois.

2272. L'action des médecins, chirurgiens et apothicaires, pour leurs visites, opérations et médicamens;

Celle des huissiers, pour le salaire des actes qu'ils signifient et des commissions qu'ils exécutent;

Celle des marchands, pour les marchandises

qu'ils vendent aux particuliers non marchands;

Celle des maîtres de pension, pour le prix de la pension de leurs élèves, et des autres maîtres, pour le prix de l'apprentissage;

Celle des domestiques qui se louent à l'année, pour le paiement de leur salaire;

Se prescrivent par un an.

2273. L'action des avoués, pour le paiement de leurs frais et salaires, se prescrit par deux ans à compter du jugement des procès, ou de la conciliation des parties, ou depuis la révocation desdits avoués. A l'égard des affaires non terminées ils ne peuvent former de demandes pour leurs frais et salaires qui remonteraient à plus de cinq ans.

2275. Néanmoins ceux auxquels ces prescriptions seront opposées peuvent déférer le serment à ceux qui les opposent sur la question de savoir si la chose a été réellement payée. Le serment pourra être déféré aux veuves et héritiers, ou aux tuteurs de ces derniers, s'ils sont mineurs, pour qu'ils aient à déclarer s'ils ne savent pas que la chose soit due.

2277. Les arrérages de rentes perpétuelles et viagères,

Ceux des pensions alimentaires, les loyers des maisons et le prix de ferme des biens ruraux, les intérêts des sommes prêtées, et généralement tout ce qui est payable par année ou à des termes périodiques plus courts,

Se prescrivent par cinq ans.

2278. Les prescriptions dont il s'agit dans les articles de la présente section courent contre les mineurs et les interdits, sauf leur recours contre leurs tuteurs.

2279. En fait de meubles la possession vaut titre.

Néanmoins celui qui a perdu ou auquel il a été volé une chose peut la revendiquer pendant trois ans, à compter du jour de la perte ou du vol, contre

2.

celui dans les mains duquel il la trouve, sauf à celui-ci son recours contre celui duquel il la tient.

2280. Si le possesseur actuel de la chose volée ou perdue l'a achetée dans une foire, ou dans un marché, ou dans une vente publique, ou d'un marchand vendant des choses pareilles, le propriétaire originaire ne peut se la faire rendre qu'en remboursant au possesseur le prix qu'elle lui a coûté.

De la Prescription en matière commerciale.

189. Toutes actions relatives aux lettres de change, et à ceux des billets à ordre souscrits par des négocians, marchands ou banquiers, ou pour faits de commerce, se prescrivent par cinq ans, à compter du jour du protêt, ou de la dernière poursuite juridique, s'il n'y a eu condamnation, ou si la dette n'a été reconnue par acte séparé.

Néanmoins les prétendus débiteurs seront tenus, s'ils en sont requis, d'affirmer, sous serment, qu'ils ne sont plus redevables, et leurs veuves, héritiers ou ayant cause, qu'ils estiment de bonne foi qu'il n'est plus rien dû.

CHAP. VI. — DE L'EXPERTISE.

Dans une foule de circonstances on est obligé de recourir à l'expertise. Aucune classe de la société ne s'en trouve dispensée; car cette mesure est destinée à régler les droits de la propriété; de négocians à négocians; de l'ouvrier avec l'entrepreneur qui le fait travailler; de celui-ci avec le propriétaire qui l'emploie; de telle sorte qu'il est souvent impossible au juge d'éclairer sa conscience, sans remplir cette formalité de tous les jours.

Si l'expertise a lieu amiablement, la marche à suivre est tracée dans le chapitre II que nous avons consacré au compromis sur arbitrage; si elle est ordonnée par le tribunal, son jugement, comme le compromis, devra énoncer clairement l'objet de l'expertise. C. Pr. 302.

L'expertise ne peut se faire que par *trois experts*, ou par *un seul* convenu entre les parties. Si elles tombent d'accord sur le choix de *trois*, le tribunal leur en donnera acte. Dans le cas contraire, elles seront tenues de les nommer dans les trois jours de la signification, par une déclaration au greffe, ou ils seront nommés par le même jugement qui indiquera le juge commissaire. Celui-ci recevra le serment des experts nommés amiablement ou d'office. Les magistrats pourront enjoindre aux parties de remettre aux experts les papiers, registres et titres susceptibles de jeter du jour sur la difficulté. C. Pr. art. 303, 304, 305, 306.

La partie la plus diligente, en vertu de l'ordonnance du commissaire, obtenue sur requête, fera sommer les experts en prestation de serment. C. Pr. 307.

Modèle de la requête à présenter au commissaire.

A Monsieur... Juge au Tribunal de...

Commissaire en cette part.

François Louis, propriétaire à.....

A l'honneur de vous prier, que, vu l'expédition ci-jointe du jugement du tribunal de Nancy, en date du ..... 1840, dûment signifié le ....., portant qu'il sera procédé au rapport d'expertise y énoncé, par MM..... experts nommés, il vous plaise lui permettre de faire sommer lesdits sieurs experts de comparaître devant vous aux lieu, jour et heure par vous indiqués, à l'effet de prêter le serment prescrit par la loi ; et serez justice.

Signé.....

Ordonnance.

Permis d'assigner les sieurs..... à comparaître

devant nous au greffe du tribunal, le..... heure
de..... aux fins de la requête.

Fait au palais de Justice, le...

Signé...

(Il faut faire enregistrer cette ordonnance.)

La formalité d'ouvrir, de la part du Commissaire, un procès verbal pour constater la présentation de la requête et la délivrance de son ordonnance est inutile, attendu qu'elle n'est basée sur aucune loi.

Sommation aux Experts.

L'an mil huit cent quarante, le....., en vertu de l'ordonnance ci-dessus transcrite, dûment enregistrée, et à la requête du sieur François Louis, propriétaire demeurant à..... Je, etc., huissier, etc., etc., ai fait sommation et au besoin donné assignation, 1° au sieur (les nom et profession de l'expert), en son domicile, où étant et parlant à..... 2° au sieur....., en son domicile, où étant et parlant à..... 3° au sieur....., en son domicile, où étant et parlant à....., tous trois experts nommés en cette part; de comparaître le mardi, vingt juillet courant, les neuf heures du matin, au greffe du tribunal civil de..... devant M...., l'un des Juges, Commissaire à cet effet, pour prêter serment de bien et fidèlement procéder aux opérations ordonnées par jugement du....., leur déclarant que faute de comparaître, il en sera nommé d'autres, à ce qu'ils n'en ignorent, et leur ai, mêmes requête, domicile et parlant comme dessus, laissé copie des requête, ordonnance précitées et de mon exploit dont le coût est de.....

Aux termes de l'article 307 du Code de Procédure, il n'est pas nécessaire que les parties soient présentes au serment des experts.

Ainsi on peut y procéder tant en absence que

présence, sans qu'il soit besoin de sommation à l'adversaire de s'y trouver. Cependant, il est à propos de remplir cette formalité peu coûteuse, qui peut apporter économie de temps et de frais; car si l'adversaire se présente, comme il y a lieu de le croire, même dans son intérêt personnel, l'indication des experts du jour fixé pour leur opération, vaut sommation de s'y trouver.

En second lieu, s'il y a refus de la part d'un expert, les parties peuvent s'accorder sur le choix d'un autre, sinon le tribunal nomme d'office. C. Pr. 316. Le nouvel expert peut se présenter et prêter serment, et enfin le procès verbal de prestation de serment contenir l'indication par les experts, des lieu, jour et heure de leur opération.

Nota. La formule du sous seing-privé pour nomination d'experts est la même que celle du compromis pour nommer des arbitres. La désignation de l'objet en litige est seule à changer, et l'on aura soin de substituer le mot *experts* à celui *arbitres.* Voyez Ch. II, page 5.

Les experts pourront être récusés par les motifs pour lesquels les témoins peuvent être récusés. — C. Pr. 310. Voyez le Cod. de Proc. art. 283 et 373.

C. Pr. 308. Les experts nommés par les parties ne peuvent être récusés pour causes antérieures à la nomination, car les parties n'ont pu ignorer ces causes. Néanmoins, celles postérieures à cette nomination sont des motifs de récusation : comme par exemple, si l'expert s'alliait à l'une des deux parties depuis son serment.

Les experts nommés d'office doivent être récusés avant le serment, autrement il y a acquiescement. C. Pr. 308. Si cependant la cause survient après le serment, elle peut être admise, car la partie ne pouvait renoncer à un droit qu'elle ne pouvait prévoir. C. Pr. 382.

Si l'expert assermenté ne se présentait pas, les parties peuvent s'accorder, sur-le-champ, sur le choix d'un autre, autrement le tribunal nommera d'office. (L'expert qui, après avoir prêté serment, ne remplira pas sa mission, pourra être condamné par le tribunal qui l'a commis, à tous les frais frustratoires, et même aux dommages-intérêts, s'il échet. C. Pr. 316.)

Les parties doivent remettre aux experts le jugement ordonnant l'expertise, ou le compromis qui l'a admise, ensemble les pièces nécessaires, telles que titres, arpentages, plans, etc. ; elles pourront faire tels dires et réquisitions qu'elles jugeront convenables ; il en sera fait mention dans le rapport ; il sera rédigé sur le lieu contentieux, ou dans le lieu et aux jour et heure indiqués par les experts. La rédaction sera écrite par l'un d'eux et signée par tous : s'ils ne savent pas *tous* écrire, elle sera écrite et signée par le greffier de la justice de paix où ils auront procédé. C. Pr. 317.

Les experts dresseront un seul rapport ; ils ne formeront qu'un seul avis à la pluralité des voix. Si les experts se trouvent de trois avis différens ; ils énoncent les trois avis et leurs motifs, sans faire connaître quel est l'avis personnel de chacun d'eux. C. Pr. 318.

Rapport d'Experts commis par le Tribunal.

A MM. les Président et Juges du Tribunal de.....

L'an mil huit cent quarante, le....., heure de....., Nous, M....., arpenteur géomètre, demeurant à....., P....., architecte, demeurant à...., et G....., conducteur des ponts et chaussées, demeurant à....., tous trois nommés experts par votre jugement du....., rendu entre le sieur François Louis, propriétaire à..... et le sieur Joseph Jacques, charpentier demeurant à.....

à l'effet de procéder aux visites et opérations ci-après, et après serment préalable de bien et fidèlement y procéder, ainsi qu'il résulte du procès-verbal de M. le Commissaire en cette partie, en date du....., nous nous sommes transportés en une maison sise à....., où étant arrivés, heure de....., nous avons trouvé ledit sieur François Louis, lequel après nous avoir remis la grosse dudit jugement, dûment enregistré et signifié à l'avoué du sieur Joseph Jacques, ensemble l'original de la sommation faite audit sieur Jacques, par acte d'avoué, de se trouver aux lieu et heure ci-dessus désignés, nous a requis de procéder aux opérations ordonnées par le jugement susdit; et a signé.

Est aussi comparu ledit sieur Joseph Jacques, lequel nous a dit qu'il comparaît pour satisfaire à la sommation précitée, qu'il n'a moyen d'empêcher (*ou qu'il requiert de son côté*), que nous procédions à sa dite opération, et a signé.

Si les avoués assistent leurs parties, chose qui n'est pas de rigueur, on en fait mention.

(*Ici il faut transcrire les instructions, dires et réquisitions des parties, s'il y en a*).

Desquelles comparutions, remises, dires, réquisitions et consentemens, avons donné acte aux parties; en conséquence avons procédé à la visite des travaux faits en ladite maison, par le sieur Joseph Jacques, aux termes dudit jugement, en présence des parties (et de leurs avoués s'ils y sont), et rédigé notre rapport, lequel a été écrit par P.... l'un de nous, ainsi qu'il suit :

Ayant examiné les lieux *ou* objets contentieux, nous avons vu *ou* remarqué, *ou* observé que, etc.

(Les experts constatent ensuite ce qu'ils ont fait pour vérifier l'objet de leur mission, comme fouille, arpentage, toisé, et toutes autres opérations, enfin, nécessaires à la découverte de la vérité, le tout en présence des parties qui peuvent faire alors toutes leurs réquisitions, protestations, etc.).

- S'il faut plus d'une vacation et que la présence des parties soit nécessaire on remet l'opération *ainsi qu'il suit :*

Et après avoir vaqué à ce que dessus, jusqu'à l'heure de .... avons continué nos opérations à *tels jour et heure,* auxquels les parties seront tenues de se trouver sans sommation nouvelle, et ont les parties signé avec nous.

Si la présence des parties n'est plus nécessaire, après avoir indiqué les jour et heure de la remise, *on met :*

Auxquels il sera par nous procédé, *en tel lieu,* parties non présentes, attendu que nous avons acquis instructions suffisantes, et ont les parties signé avec nous.

Aux jour et heure indiqués, les experts donnent suite à leurs opérations, soit en absence, soit en présence des parties, *ainsi qu'ils l'ont indiqué ;* et après avoir délibéré et donné leur avis, s'il est unanime, *voici* la forme du procès verbal.

Et lesdits an, jour, et heure, nous experts susnommés, étant réunis, *en tel lieu,* en l'absence des parties ; après avoir conféré et délibéré entre nous sur la confection desdits travaux, sur la question de savoir s'ils ont été faits suivant qu'ils avaient été ordonnés, et d'après les règles de l'art, et dans ce cas sur la valeur desdits travaux, avons été *unanimement* d'avis de ce qui suit :

(*Les experts* motivent ici leur avis sur les différens points). S'ils ont été de deux avis, au lieu de dire : *avons été unanimement d'avis,* ils mettent : *avons* été d'avis à la *pluralité,* etc.

S'ils sont de trois avis, ils mettent : il a été proposé trois avis, ainsi qu'il suit : *Le premier avis a* été.....

Le second avis a été.....

Et le troisième avis a été.....

Il faut motiver chaque avis et l'on finit ainsi : *après avoir vaqué depuis telle heure jusqu'à........* Nous avons clos et signé le présent rapport qui est resté entre les mains de..... l'un de nous, pour être par lui, *ou* par nous tous déposé au Greffe ; et nous sommes retirés.

La minute étant enregistrée, les experts la déposent au tribunal. C. Pr. 319. Le droit d'enregistrement et les frais doivent être acquittés par les parties ; jusque là les experts ont le droit de ne pas déposer leur procès verbal, mais sur des offres déclarées suffisantes, au contenu d'une assignation dont le modèle va suivre, on peut les contraindre, et même par corps avec dommages-intérêts, à remplir leur mission. La cause est portée directement devant le tribunal qui a ordonné l'expertise, il y est statué sommairement. C. Pr. 320-316.

Assignation contre les experts.

L'an mil huit cent quarante, le..... à la requête du sieur François Louis, propriétaire demeurant à..... lequel fait élection de domicile....... j'ai.... huissier....... donné assignation au sieur... M...... arpenteur-géomètre, demeurant à,... en son domicile et parlant à..... au sieur P....., architecte demeurant à...... en son domicile et parlant à...... Enfin au sieur G....... conducteur des ponts-et-chaussées demeurant à..... en son domicile et parlant à...... pour se voir condamner à déposer au greffe dudit tribunal, dans le jour du jugement à intervenir, le rapport qu'ils ont dû faire le....., en exécution du jugement du..... entre le requérant et le sieur Joseph Jacques, ainsi qu'ils s'y sont soumis par l'acte de prestation de leur serment du..... enregistré. (*Si c'est au demandeur à avan-*

cer les frais on ajoute): aux offres que fait ledit sieur François Louis de leur payer leurs vacations et autres frais, s'il y en a, conformément à la taxe qui y sera faite par M. le Président, au bas de la minute : (*et si ces frais doivent être avancés par l'autre partie, on met*) *:* sauf par lesdits experts, à se faire délivrer exécutoire de leurs vacations et autres frais, contre le sieur Joseph Jacques, qui a requis l'expertise, (*ou l'a poursuivie, si elle a été ordonnnée d'office*), sinon et faute par lesdits experts de faire ledit dépôt dans ledit jour, leur déclare qu'ils y seront contraints par corps, sur le certificat du greffier constatant que ledit dépôt n'a pas été fait en ses mains, et qu'ils seront condamnés aux dépens, et afin qu'ils n'en ignorent, je leur ai, etc.

Dans le cas où il n'y aurait que *deux arbitres* ou *deux experts* dénommés, amiablement, par acte sous-seing privé, voici le modèle du rapport du *tiers arbitre* ou *expert*, lorsqu'il y a partage d'opinions.

L'an mil huit cent quarante le... heure de... moi Joseph B... tiers expert (ou *tiers arbitre*), nommé par les sieurs François Louis, propriétaire demeurant à... et Joseph Jacques, charpentier demeurant à... suivant l'acte fait double entr'eux le....... et dont l'un des doubles m'a été remis, aux fins de départager les sieurs B..... et G.... en cas de partage d'opinions et d'avis, de leur part, dans l'opération qui leur a été confiée ; serment par moi préalablement prêté devant M. le juge-de-paix du canton de..... de bien et fidélement remplir la mission qui m'a été conférée, ai pris communication du rapport desdits sieurs B..... et G..... experts, lequel a été dressé le..... et dûment signé. Il résulte de ce rapport qu'ils n'ont pu s'accorder sur le prix de la charpente et autres ouvrages effectués par le sieur Joseph Jacques, dans la maison du sieur François Louis, sise rue de...... n°....; en effet l'estimation de l'un d'eux se porte à o fr. o c. et celle de l'autre à o fr. o c. seulement. M'étant alors transporté avec eux dans ladite maison, après avoir parcouru et examiné avec attention tous les ouvrages en question ; après avoir ouï tous les motifs des deux premiers experts, sur lesquels ils ont basé l'opinion dans laquelle ils persévèrent tous deux ; enfin après m'être livré à un second examen des lieux... (*motiver ici son opinion*), je me suis rangé à l'avis du sieur......, et comme lui, j'ai estimé à la somme de.......................... ci o fr. o c.

En foi de quoi j'ai rédigé le présent rapport, lequel j'affirme sincère et véritable.

Fait à...... les jour, mois et an, ci-dessus.

CHAP. VII. — DU SOUS SEING-PRIVÉ

Il y a quatre sortes de titres privés. 1° les actes faits par les parties entr'elles ; 2° les registres des marchands ; 3° les registres et papiers domestiques ; 4° l'écriture mise par le créancier, à la suite, en marge ou au dos d'un titre. (Il est indispensable d'indiquer sur-le-champ qu'il y a quatre sorte d'actes qui seraient frappés de nullité s'ils n'étaient passés devant notaire. *Les contrats de mariage ; le consentement à fournir hypothèque ; les donations entre-vifs, et les testamens mystiques et publics*). Tout autres actes, sans distinction, peuvent se traiter directement entre les parties.

Le titre privé ne fait pas foi, autant que l'authentique, car devant le juge, quoiqu'il soit émané et signé de celui à qui on l'oppose, il faut encore qu'il reconnaisse le titre, pour que le tribunal en donne acte au créancier, et que par là il se trouve revêtu du caractère de l'authenticité.

Il est deux cas où le signataire d'un titre privé peut en soutenir la nullité. D'abord s'il n'est écrit entièrement de sa main et signé par lui, dans le cas où il porte promesse d'un paiement d'argent ou d'une chose appréciable, ou du moins qu'il n'eût écrit de sa main un *bon* ou un *approuvé*, portant en *toutes lettres* la somme ou la quantité de la chose. Sont dispensés de contenir cette formalité les actes émanés des *marchands, artisans, laboureurs, vignerons, gens de journées et de service,* parce que souvent ces derniers ne savent que signer leurs noms. C. C. 1326.

1327. Lorsque la somme exprimée au corps de l'acte est différente de celle exprimée au bon, l'obligation est présumée n'être que de la somme moindre, lors même que l'acte ainsi que le bon sont écrits en entier de la main de celui qui s'est obligé, à moins qu'il ne soit prouvé de quel côté est l'erreur.

Le second cas où l'on peut soutenir la nullité du titre, est lorsqu'il ne contient pas la cause pour laquelle il a été fait, ainsi il faut qu'il exprime que c'est pour prêt, vente ou autre cause, sinon il est nul. C. C. 1131.

Le sous-seing privé n'a date certaine que du jour de son enregistement, formalité qu'il faut se hâter de remplir si l'on a conçu des doutes sur la solvabilité ou sur la probité de celui qui l'a souscrit. C. C. 1328. La date certaine s'acquiert aussi par la mort de l'un des souscripteurs, ou lorsqu'il y a eu acte dressé par des officiers publics.

Les actes sous-seing privé qui contiennent des conventions synallagmatiques, ce qui veut dire *réciproques,* ne sont valables qu'autant qu'ils ont été faits en autant d'originaux qu'il y a des parties ayant un intérêt distinct.

Il suffit d'un original pour toutes les personnes ayant le même intérêt.

Chaque original doit contenir la mention du nombre des originaux qui en ont été faits.

Néanmoins le défaut de mention que les originaux

ont été faits doubles, triples, etc., ne peut être opposé par celui qui a exécuté de sa part la convention portée dans l'acte.

Les registres des marchands, lorsqu'ils sont régulièrement tenus, peuvent être admis par le juge pour faire preuve entr'eux des faits de commerce, art. 12 du C. de Com., mais ils ne font pas preuve contre les personnes non-marchandes, des fournitures qui y sont portées, C. C. 1329; seulement on peut exiger le serment de celui à qui la fourniture est réclamée.

Si les registres ne font pas preuve pour le marchand qui les produit, ils font preuve contre lui; mais celui qui en veut tirer avantage, ne peut les diviser en ce qu'ils contiennent de contraire à sa prétention. C. C. 1330.

Les registres et papiers domestiques ne constituent point un titre en faveur de celui qui les a écrits, car il ne tiendrait qu'à lui d'y écrire ce que bon lui semblerait, ainsi de se créer des créances sur le premier venu, et de se libérer de ses dettes en mettant qu'il les a payées; mais ils font foi contre lui 1° lorsqu'ils énoncent formellement un paiement reçu; 2° lorsqu'ils contiennent la mention expresse que la note a été faite pour suppléer le défaut de titre, en faveur de celui au profit duquel ils énoncent une obligation. C. C. 1331.

1332. L'écriture mise par le créancier à la suite, en marge ou au dos d'un titre qui est toujours resté en sa possession fait foi, quoique non signée ni datée par lui, lorsqu'elle tend à établir la libération du débiteur.

Il en est de même de l'écriture mise par le créancier au dos, ou en marge, ou à la suite du double d'un titre ou d'une quittance, pourvu que ce double soit entre les mains du débiteur.

Des Contre-Lettres.

Les contre-lettres ne peuvent avoir d'effet qu'entre les parties contractantes, elles n'ont jamais d'effet contre les tiers, qui se trouveraient, par là, dans le cas d'être abusés. C. C. 1321.

Nous terminerons en disant que nul titre sous seing-privé, bien qu'il renferme toutes les conditions, toutes les formalités voulues, ne peut par lui-même être mis à exécution; il faut que ce pouvoir lui soit conféré, sur assignation, par les tribunaux, soit pour poursuivre le débiteur prendre inscription sur ses biens, etc., etc.

En vertu de la loi du 13 brumaire, an 7, on ne peut se servir des actes sous seing-privé que lorsqu'ils sont sur papier timbré; or, s'ils sont sur papier libre, il faut les faire timbrer à l'extraordinaire, pour les produire en justice; on est alors passible d'une amende.

Du Prêt.

Le prêt est un acte par lequel une des parties livre à l'autre une ou plusieurs choses, à la charge par cette dernière de lui rendre en même nombre, espèce et qualité.

L'obligation qui résulte d'un prêt en argent, n'est toujours que de la somme numérique énoncée au contrat.

S'il y a eu augmentation ou diminution d'espèce avant l'époque du paiement, le débiteur doit rendre la somme numérique prêtée, et ne doit rendre que cette somme dans les espèces ayant cours au moment du paiement. C. C. 1895.

Si ce sont des lingots ou des denrées qui ont été prêtées, quelque soit l'augmentation ou la diminution du prix, le débiteur doit toujours rendre la même quantité et qualité, et ne doit rendre que cela. C. C. 1897.

1899. Le prêteur ne peut pas redemander les choses prêtées avant le terme convenu.

1900. S'il n'a pas été fixé de terme pour la restitution, le juge peut accorder à l'emprunteur un délai suivant les circonstances.

1901. S'il a été seulement convenu que l'emprunteur paierait, quand il le pourrait, ou quand il en aurait les moyens, le juge lui fixera un terme de paiement suivant les circonstances.

1903. S'il est dans l'impossibilité d'y satisfaire, il est tenu d'en payer la valeur eu égard au temps et au lieu où la chose devait être rendue d'après la convention.

Si ce temps et ce lieu n'ont pas été réglés : le paiement se fait au prix du temps et du lieu où l'emprunt a été fait.

1904. Si l'emprunteur ne rend pas les choses prêtées, ou leur valeur, au terme convenu, il en doit l'intérêt du jour de la demande en justice.

Reconnaissance sous seing-privé de prêt d'argent.

Je soussigné B.... (*nom et prénoms*), reconnais par le présent que le sieur J.... (*nom et prénoms*) m'a aujourd'hui avancé à titre de prêt, la somme de...., laquelle je m'engage à lui rendre et rembourser dans.... (*mettre le délai*) date de ce jour, avec l'intérêt à cinq pour cent. A.... Ce.....

(Signature.)

Reconnaissance de prêt avec déclaration d'emploi et caution.

Cejourd'hui......... 1840.

Entre nous soussignés J..... (*nom et prénoms*) d'une part, et G..... (*nom et prénoms*), d'autre part.

Il a été convenu et arrêté ce qui va suivre; savoir :

Moi J....., déclare devoir au sieur G...., la somme de....., qu'il m'a prêtée à l'instant même. Cette somme est affectée à l'acquisition d'une maison sise (*désigner le lieu*); elle consiste... (*faire sa description*); ladite maison appartient au sieur D..... (nom et prénoms) qui est dans l'intention de me la vendre moyennant la somme grosse de....., laquelle je promets et m'oblige de rendre audit sieur G....., dans deux ans, date de ce jour, avec l'intérêt annuel de cinq pour cent.

Et pour sûreté de l'emploi de ladite somme de..., en conformité de la déclaration ci-dessus, je promets et m'oblige, à mettre sous quinzaine entre les mains du sieur G..... une copie en bonne forme de ladite vente, contenant une déclaration que dans le paiement du prix de l'acquisition de cette maison, la somme qu'il m'a prêtée céjourd'hui a été versée intégralement pour compléter le remboursement d'icelle. Ainsi fait pour que le sieur G.... prêteur, ait privilége spécial et hypothèque, et soit subrogé, jusqu'à concurrence de la somme susdite aux droits du vendeur sur ladite forêt. Sinon et faute par moi de faire cette justification, dans la quinzaine, je serai et demeurerai contraint au remboursement de la somme dite de....., à moi prêtée par le sieur G...., ce que celui-ci agrès.

Est intervenu le sieur P.... (*nom et prénoms*) lequel a déclaré se constituer, en son nom personnel, caution pour le sieur J..... envers le sieur G..... de la somme prêtée par celui-ci, d'y garantir l'emploi et la justification; à défaut de ce il s'oblige conjointement et solidairement à remettre au prêteur la somme de....., et en cas d'emploi, au paiement de ladite somme et des intérêts dans dix années, à partir de ce jour.

Fait triple à....., les jour, mois et an, avant dits.
(Signatures.)

Reconnaissance de prêt avec déclaration d'emploi.

(Même rédaction que la formule ci-dessus ; seulement il faut s'arrêter à ce qui concerne la caution et ne mettre que :
Fait *double* les jour, mois et an avant dits.

Reconnaissance de prêt de marchandises.

Je soussigné G..... (*nom et prénoms,*) reconnais par le présent que le sieur J..... m'a remis cejourd'hui à titre de prêt (*désignation exacte de la nature, de la qualité, quantité de marchandises*); lesquelles je m'oblige à lui remettre en même nature, quantité et qualité que dessus dans un mois date de ce jour. Dans le cas où il y aurait retard ou impossibilité de ma part dans la restitution plus haut stipulée, je promets et m'oblige de rembourser audit sieur J....., la valeur desdites marchandises, à estimer au prix de l'époque du prêt et de la localité, à lui payer les intérêts à partir du jour du retard, et sans qu'il soit besoin de se retirer devant les tribunaux.
Fait double, à...... ce.... (la date).
Signatures.)

CHAP. VIII. — DE LA SUCCESSION.

L'habileté du législateur, la clarté de sa rédaction, nous forcent, en quelque sorte, de transcrire fidèlement la loi ; c'est donc elle qui va parler.

Des Successions et des actes qui en découlent.

819. Si tous les héritiers sont présens et majeurs, l'apposition de scellés sur les effets de la succession n'est pas nécessaire, et le partage peut être fait dans

la forme et par tel acte que les parties intéressées jugent convenable.

Si tous les héritiers ne sont pas présens, s'il y a parmi eux des mineurs ou des interdits, le scéllé doit être apposé dans le plus bref délai, soit à la requête des héritiers, soit à la diligence du procureur du roi près le tribunal de première instance, soit d'office par le juge de paix dans l'arrondissement duquel la succession est ouverte.

823. Si l'un des cohéritiers refuse de consentir au partage, ou s'il s'élève des contestations soit sur le mode d'y procéder, soit sur la manière de le terminer, le tribunal prononce comme en matière sommaire, ou commet, s'il y a lieu, pour les opérations du partage, un des juges sur le rapport duquel il décide les contestations.

825. L'estimation des meubles, s'il n'y a pas eu de prisée faite dans un inventaire régulier, doit être faite par gens à ce connaissant, à juste prix et sans crue.

826. Chacun des cohéritiers peut demander sa part en nature des meubles et immeubles de la succession : néanmoins, s'il y a des créanciers saisissans ou opposans, ou si la majorité des cohéritiers juge la vente nécessaire pour l'acquit des dettes et charges de la succession, les meubles sont vendus publiquement en la forme ordinaire.

827. Si les immeubles ne peuvent pas se partager commodément, il doit être procédé à la vente par licitation devant le tribunal.

Cependant les parties, si elles sont toutes majeures, peuvent consentir que la licitation soit faite devant un notaire, sur le choix duquel elles s'accordent.

828. Après que les meubles et immeubles ont été estimés, et vendus s'il y a lieu, le juge commissaire renvoie les parties devant un notaire dont elles

conviennent, ou nommé d'office si les parties ne s'accordent pas sur le choix.

On procède, devant cet officier, aux comptes que les copartageans peuvent se devoir, à la formation de la masse générale, à la composition des lots, et au fournissement à faire à chacun des copartageans.

829. Chaque cohéritier fait rapport à la masse, suivant les règles qui seront ci-après établies, des dons qui lui ont été faits, et des sommes dont il est débiteur.

830. Si le rapport n'est pas fait en nature, les cohéritiers à qui il est dû prélèvent une portion égale sur la masse de la succession.

Les prélèvemens se font, autant que possible, en objets de même nature, qualité et bonté que les objets non rapportés en nature.

831. Après ces prélévemens il est procédé, sur ce qui reste dans la masse, à la composition d'autant de lots égaux qu'il y a d'héritiers copartageans ou de souches copartageantes.

832. Dans la formation et composition des lots, on doit éviter, autant que possible, de morceler les héritages et de diviser les exploitations ; et il convient de faire entrer dans chaque lot, s'il se peut, la même quantité de meubles, d'immeubles, de droits ou de créances de même nature et valeur.

833. L'inégalité des lots en nature se compense par un retour, soit en rente, soit en argent.

834. Les lots sont faits par l'un des cohéritiers s'ils peuvent convenir entre eux sur le choix, et si celui qu'ils avaient choisi accepte la commission : dans le cas contraire les lots sont faits par un expert que le juge commissaire désigne.

Ils sont ensuite tirés au sort.

835. Avant de procéder au tirage des lots, chaque copartageant est admis à proposer ses réclamations contre leur formation.

836. Les règles établies pour la division des masses à partager, sont également observées dans la subdivision à faire entre les souches copartageantes.

837. Si, dans les opérations renvoyées devant un notaire, il s'élève des contestations, le notaire dressera procès-verbal des difficultés et des dires respectifs des parties, les renverra devant le commissaire nommé pour le partage; et, au surplus, il sera procédé suivant les formes prescrites par les lois sur la procédure.

838. Si tous les cohéritiers ne sont pas présens, ou s'il y a parmi eux des interdits, ou des mineurs même émancipés, le partage doit être fait en justice, conformément aux règles prescrites par les art. 819 et suivans jusques et compris l'article précédent. S'il y a plusieurs mineurs qui aient des intérêts opposés dans le partage, il doit leur être donné à chacun un tuteur spécial et particulier.

841. Toute personne, même parente du défunt, qui n'est pas son successible, et, à laquelle un cohéritier aurait cédé son droit à la succession, peut être écartée du partage soit par tous les cohéritiers, soit par un seul, en lui remboursant le prix de la cession.

842. Après le partage, remise doit être faite à chacun des copartageans des titres particuliers aux objets qui lui seront échus.

Les titres d'une propriété divisée restent à celui qui a la plus grande part, à la charge d'en aider ceux de ses copartageans qui y auront intérêt quand il en sera requis.

Les titres communs à toute l'hérédité sont remis à celui que tous les héritiers ont choisi pour en être le dépositaire, à la charge d'en aider les copartageans à toute réquisition. S'il y a difficulté sur ce choix, il est réglé par le juge.

Section ii. *Des Rapports.*

843. Tout héritier, même bénéficiaire, venant à une succession doit rapporter à ses cohéritiers tout ce qu'il a reçu du défunt; par donation entre-vifs, directement ou indirectement : il ne peut retenir les dons ni réclamer les legs à lui faits par le défunt, à moins que les dons et legs ne lui aient été faits expressément par préciput et hors part, ou avec dispense du rapport.

792. Les héritiers qui auraient diverti ou recélé des effets d'une succession sont déchus de la faculté d'y renoncer : ils demeurent héritiers purs et simples, nonobstant leur renonciation, sans pouvoir prétendre aucune part dans les objets divertis ou recelés.

985. Les testamens faits dans un lieu avec lequel toute communication sera interceptée à cause de la peste ou autre maladie contagieuse pourront être faits devant le juge de paix ou devant l'un des officiers municipaux de la commune, en présence de deux témoins.

Section iii. *Du paiement des dettes.*

870. Les cohéritiers contribuent entre eux au paiement des dettes et charges de la succession, chacun dans la proportion de ce qu'il y prend.

873. Les héritiers sont tenus des dettes et charges de la succession, personnellement pour leur part et portion virile et, hypothécairement pour le tout; sauf leur recours, soit contre leurs cohéritiers, soit contre les légataires universels, à raison de la part pour laquelle ils doivent y contribuer.

Frais et Scellés.

810. Les frais de scellés s'il en a été apposé, d'inventaire et de compte, sont à la charge de la succession.

Les frais funéraires, de réparations nécessaires,

d'entretien d'administration, sont privilégiés au profit de l'héritier bénéficiaire.

Il n'est pas nécessaire d'apposer les scellés avant l'inventaire ; néanmoins, pour écarter tous soupçons, l'héritier bénéficiaire doit remplir cette formalité.

Les héritiers majeurs pourront procéder amiablement au partage des immeubles échus, en passant un acte dans lequel ils déclareront choisir d'un commun accord, pour experts :

« Les sieurs (*noms et prénoms*) et, en cas de di-
« vision, d'opinion le sieur (*nom et prénoms*) pour
« les départager, aux fins de procéder à la visite et
« estimation des immeubles, avec dispense du ser-
« ment, et renonciation à tous recours et appel contre
« leur rapport, en vertu duquel on procédera au
« tirage et partage des lots ».

Les créanciers *d'un créancier* du défunt ou de *son successeur* peuvent requérir l'apposition du scellé, comme étant aux droits de leur débiteur, qui lui-même a ce droit ; argument de l'art. 1166 du C. C. Combiné avec l'art. 934, C. Pr.

Pour ce, il leur faut un titre exécutoire ; à défaut d'icelui, ils ne peuvent faire apposer le scellé, sans une permission du président du tribunal civil, ou du juge de paix du canton où le scellé doit être apposé. C. C. 820. C. Pr. 909.

Requéte afin de demander permission de faire
apposer le scellé.

A Monsieur le président du tribunal de.... ou à M. le juge de paix du canton de.....

Vous prie François Louis, propriétaire à..... attendu qu'il est créancier du sieur Joseph Picot, menuisier, décédé à....., en vertu d'un billet du.... enregistré à....., lui permettre de faire apposer les scellés sur les effets et papiers de la succession dudit sieur Joseph Picot, et ferez justice.

(Signature).

Ordonnance.

Permis de faire apposer les scellés sur les effets et papiers de la succession du sieur Joseph Picot, fait, etc.

Modèle de partage de succession entre majeurs.

Entre nous soussignés..... (les *noms, prénoms et demeure de chaque héritier*), tous trois enfans majeurs et héritiers de notre père, décédé à.... le....

Vu le procès-verbal et rapport à nous remis par les sieurs...., experts par nous nommés, pour visiter et estimer les biens de notre père décédé; duquel rapport en date du..... Enregistré, la teneur suit :

Nous soussignés nommés experts par les sieurs.... (*noms, prénoms et demeures des héritiers*). Experts nommés par un compromis passé le..... enregistré le....., en vertu de ce mandat avons ainsi procédé à la visite et estimation des immeubles dépendant de la succession de leur père décédé, lesquels consistent :

1° En une maison de maître, sise à Nancy, rue... n°..... (*Description de la maison*).

Laquelle avons estimée à....., ci.   oo fr. oo c.

2° Une maison de campagne située à Champigneulles. canton de Nancy, (*Désignation et description*), estimée à....., ci.................... . oo   oo

3° Cinquante hectares de bois d'une seule pièce, sis même canton de Champigneulles, limités au nord par...... au midi par...... à l'est par...... à l'ouest par..... estimés à..... ci.....   oo   oo

Il a été également livré à notre appréciation, dans la maison de Nancy, un mobilier consistant en argenterie,

vins, meubles, etc. etc., que nous avons estimé, savoir l'argenterie à...,
ci. . . . .   oo   oo

    Le vin à....., ci. . . . .   oo   oo

    Les meubles à....., ci. . . . .   oo   oo

De tout quoi nous avons dressé le présent rapport pour servir ce que de droit ; et qui, sur l'indication des héritiers a été remis ès-mains du sieur G..... leur frère aîné.

Fait à..... le..... 1840. (Signés).

En conséquence le sieur G.... notre frère a ainsi disposé les lots.

PREMIER LOT.

La maison sise à Nancy dont la description est au contenu du rapport des experts.

DEUXIÈME LOT.

Se compose de la maison sise à Champigneulles, du mobilier dont elle est garnie, plus, des vins qui sont dans les caves de la maison du premier lot.

TROISIÈME ET DERNIER LOT.

Se compose des cinquante hectares de bois et du reste du mobilier de la maison de Nancy.

Ces lots formés sur de justes bases sont admis par nous; ainsi nous avons tiré au sort : le premier lot est échu à..... (*nom et prénoms*). Le second à..... Le troisième à..... pour par nous entrer en pleine et entière jouissance et en disposer librement. Les lots se garantissent les uns par les autres. Tous les lots sont acceptés tels qu'ils sont sans répétition aucune, et les servitudes seront supportées par les copartageans, sauf leurs recours contre les tiers s'ils s'y croient fondés, mais le tout à leurs risques et périls particuliers.

Nous déclarons que les créances ont été touchées, et que les dettes ont été payées en commun. S'il subsistait encore des unes ou des autres, il y aurait communauté dans la recette et le remboursement; tous les titres soit d'immeubles, soit de rentes ont été remis à chacun de nous, en ce qui le concerne, et nous acquitterons, par portion égale, tous droits de succession, d'enregistrement et de mutation.

Fait et signé triple après lecture à... le... 1840.

(Il faut approuver l'écriture et signer).

Aux termes de l'art. 2103, parag. 3. Les cohéritiers sont privilégiés sur les immeubles de la succession, pour la garantie des partages faits entre eux, *et des soulte, ou retour de lots.* Si donc, dans un partage amiable cette circonstance se présentait, et, si l'on éprouvait quelqu'inquiétude sur un de ses cohéritiers, il faudrait qu'il stipulât devant un notaire, et à ses frais, que la maison qui lui est échue est affectée par privilége et hypothèque aux sommes et rentes qu'il redevrait comme soulte et mieux value.

2109. Le cohéritier ou copartageant conserve son privilége sur les biens de chaque lot ou sur le bien licité, pour les soultes et retour de lots, ou pour le prix de la licitation, par l'inscription faite à sa diligence, dans soixante jours à dater de l'acte de partage ou de l'adjudication par licitation; durant lequel temps aucune hypothèque ne peut avoir lieu, sur le bien chargé de soulte ou adjugé par licitation, au préjudice du créancier de la soulte ou du prix.

CHAP. IX. — PROCURATION, MANDAT ET RÉVOCATION.

1984. Le mandat ou procuration est un acte par lequel une personne donne à une autre le pouvoir de faire quelque chose pour le mandant et en son nom.

Le contrat ne se forme que par l'acceptation du mandataire.

3.

1985. Le mandat peut être donné ou par acte public, ou par écrit sous seing-privé, même par lettre. Il peut aussi être donné verbalement ; mais la preuve testimoniale n'en est reçue que conformément au titre *des Contrats ou des Obligations conventionnelles en général.*

L'acceptation du mandat peut n'être que tacite, et résulter de l'exécution qui lui a été donnée par le mandataire.

1986. Le mandat est gratuit, s'il n'y a convention contraire.

1987. Il est ou-spécial et pour une affaire ou certaines affaires seulement, ou général et pour toutes les affaires du mandant.

1988. Le mandat conçu en termes généraux n'embrasse que les actes d'administration.

S'il s'agit d'aliéner ou hypothéquer, ou de quelque autre acte de propriété, le mandat doit être exprès.

1989. Le mandataire ne peut rien faire au-delà de ce qui est porté dans son mandat ; le pouvoir de transiger ne renferme pas celui de compromettre.

1990. Les femmes et les mineurs émancipés peuvent être choisis pour mandataires ; mais le mandant n'a d'action contre le mandataire mineur que d'après les règles générales relatives aux obligations des mineurs, et contre la femme mariée et qui a accepté le mandat sans autorisation de son mari, que d'après les règles établies au titre *du Contrat de mariage et des Droits respectifs des Époux.*

1991. Le mandataire est tenu d'accomplir le mandat tant qu'il en demeure chargé et répond des dommages-intérêts qui pourraient résulter de son inexécution. Il est tenu de même d'achever la chose commencée au décès du mandant, s'il y a péril en la demeure.

1992. Le mandataire répond non-seulement du dol, mais encore des fautes qu'il commet dans sa gestion. Néanmoins la responsabilité relative aux fautes est appliquée moins rigoureusement à celui dont le mandat est gratuit qu'à celui qui reçoit un salaire.

1993. Tout mandatiare est tenu de rendre compte de sa gestion, et de faire raison au mandant de tout ce qu'il a reçu en vertu de sa procuration, quand même ce qu'il aurait reçu n'eût point été dû au mandant.

1994. Le mandatiare répond de celui qu'il s'est substitué dans la gestion : 1° quand il n'a pas reçu le pouvoir de substituer quelqu'un ; 2° quand ce pouvoir lui a été conféré sans désignation d'une personne, et que celle dont il a fait choix était notoirement incapable ou insolvable.

Dans tous les cas le mandant peut agir directement contre la personne que le mandataire s'est substituée.

1995. Quand il y a plusieurs fondés de pouvoir ou mandataires établis par le même acte, il n'y a de solidarité entre eux qu'autant qu'elle est exprimée.

1996. Le mandataire doit l'intérêt des sommes qu'il a employées à son usage, à dater de cet emploi ; et de celles dont il est reliquataire, à compter du jour qu'il est mis en demeure.

1997. Le mandataire qui a donné à la partie avec laquelle il contracte en cette qualité une suffisante connaissance de ses pouvoirs, n'est tenu d'aucune garantie pour ce qui a été fait au-delà, s'il ne s'y est personnellement soumis.

1998. Le mandant est tenu d'exécuter les engagemens contractés par le mandataire, conformément au pouvoir qui lui a été donné.

Il n'est tenu de ce qui a pu être fait au-delà qu'autant qu'il l'a ratifié expressément ou tacitement.

1999. Le mandant doit rembourser au mandataire les avances et frais que celui-ci a faits pour l'exécution du mandat, et lui payer ses salaires lorsqu'il en a été promis.

S'il n'y a aucune faute imputable au mandataire, le mandant ne peut se dispenser de faire ces remboursement et paiement, lors même que l'affaire n'aurait pas réussi, ni faire réduire le montant des frais et avances sous le prétexte qu'ils pouvaient être moindres.

2000. Le mandant doit aussi indemniser le mandataire des pertes que celui-ci a essuyées à l'occasion de sa gestion, sans imprudence qui lui soit imputable.

2001. L'intérêt des avances faites par le mandataire lui est dû par le mandant à dater du jour des avances constatées.

2002. Lorsque le mandataire a été constitué par plusieurs personnes pour une affaire commune, chacune d'elles est tenue solidairement envers lui de tous les effets du mandat.

2003. Le mandat finit :

Par la révocation du mandataire ;

Par la renonciation de celui-ci au mandat ;

Par la mort naturelle ou civile, l'interdiction ou la déconfiture soit du mandant, soit du mandataire.

2004. Le mandant peut révoquer sa procuration quand bon lui semble, et contraindre, s'il y a lieu, le mandataire à lui remettre soit l'écrit sous seing-privé qui la contient, soit l'original de la procuration si elle a été délivrée en brevet, soit l'expédition s'il en a été gardé minute.

2005. La révocation notifiée au seul mandataire ne peut être opposée aux tiers qui ont traité dans l'ignorance de cette révocation, sauf au mandant son recours contre le mandataire.

2006. La constitution d'un nouveau mandataire pour la même affaire vaut révocation du premier, à compter du jour où elle a été notifiée à celui-ci.

2007. Le mandataire peut renoncer au mandat en notifiant au mandant sa renonciation.

Néanmoins, si cette renonciation préjudicie a mandant, il devra en être indemnisé par le mandataire, à moins que celui-ci ne se trouve dans l'impossibilité de continuer le mandat sans en éprouver lui-même un préjudice considérable.

2008. Si le mandataire ignore la mort du mandant, ou l'une des autres causes qui font cesser le mandat, ce qu'il a fait dans cette ignorance est valide.

2009. Dans les cas ci-dessus les engagemens du mandataire sont exécutés à l'égard des tiers qui sont de bonne foi.

2010. En cas de mort du mandataire, ses héritiers doivent donner avis au mandant, et pourvoir en attendant à ce que les circonstances exigent pour l'intérêt de celui-ci.

Pouvoir pour comparaître devant la justice de paix, et en conciliation.

Cod. Pr. 9. Au jour fixé par la citation ou convenu entre les parties, elles comparaîtront en personne, ou par leurs fondés de pouvoir, sans qu'elles puissent faire signer aucune défense.

13. Les parties ou leurs fondés de pouvoir seront entendus contradictoirement. La cause sera jugée sur-le-champ ou à la première audience; le juge, s'il le croit nécessaire, se fera remettre les pièces.

Pouvoir pour comparaître au bureau de paix.

Je soussigné François Louis, propriétaire, demeurant à..... donne pouvoir au sieur François

Pilot rentier, demeurant en la même ville (*ou à M*.....,* *avoué*) de, pour moi, et en mon nom, comparaître devant la justice de paix du canton de....., sur la demande que je suis dans l'intention de former contre le sieur Joseph....., ébéniste en la même ville....., (ou sur la citation qui m'a été donnée à requête du sieur Joseph.....,) pour se concilier, si faire se peut sur ladite demande ; et à défaut de conciliation, demander le renvoi devant les juges compétens ; requérir par suite les actes nécessaires pour continuer l'action, en suivre les fins, constituer avoué, élire avocat, obtenir jugement ; lui donne également pouvoir de traiter, composer et enfin transiger, et généralement de procéder à tous actes soit de poursuites, soit conservatoires qu'il croira utiles, nécessaires et avantageux à mes intérêts ; promettant ma ratification pleine et entière. Fait à....., le.... 1840.   (*Signature*).

Nota. Si le pouvoir n'est pas écrit de la main du mandant, il mettra au bas, *lu et approuvé*, avant d'apposer sa signature. Le nom du mandataire sera écrit, car en le laissant en blanc on pourrait abuser du pouvoir.

556. La remise de l'acte ou du jugement à l'huissier vaudra pouvoir pour toutes exécutions autres que la saisie immobilière et l'emprisonnement, pour lesquels il sera besoin d'un pouvoir spécial.

Pouvoir à un huissier ou à un garde du commerce, pour exécuter la contrainte par corps.

Je soussigné..... demeurant à....., donne par le présent pouvoir à.....

De, en mon nom, et à ma requête poursuivre et mettre à exécution par la voie de contrainte par corps le jugement par moi obtenu, contre le sieur (*nom et prénoms*), demeurant à....., devant le tri-

bunal de commerce, en date du.... le...., dûment
expédié, enregistré en forme et signifié; faire à
cet effet tous commandemens, perquisitions légales,
écrouer ou recommander ledit débiteur dans toutes
prisons où besoin sera, introduire tous référés,
consigner les alimens et faire toutes avances suffisantes; recevoir avant ou après la saisie tout ou partie de la dette, en donner quittance, enfin, d'employer tous les moyens nécessaires pour recouvrer
ce qui m'est du par ledit sieur...., promettant ma
ratification pleine et entière. En foi de quoi lui
donne le présent pouvoir, à.... le...., 1840.

(Signature.)

Nota. Si le mandant demeure hors du département où s'exercent les poursuites, il faudra faire
légaliser la signature.

Procuration générale.

Je soussigné (*nom et prénoms et qualité,*) demeurant à...., donne par le présent, pouvoir au
sieur (*G. nom et prénom*), que je constitue mon
procureur général et spécial, lequel accepté et aussi
soussigné, à l'effet de ce qui suit : de pour moi et
en mon nom, tant en ma présence qu'absence, régler et administrer tous mes biens; soit en propriété, soit en usufruit; toucher et recevoir de
tous mes fermiers ou locataires leurs loyers et fermages, leur donner congé en cas de retard de paiement; renouveler à d'autres, aux prix qu'il jugera
convenables, dans mon intérêt, pendant une espace qui ne pourra excéder neuf années les baux
des locataires et fermiers sortans, ou les maintenir à
son choix; veiller à l'exécution des clauses et conditions spécifiées dans les baux existans ou renou-
velés; recevoir rentes, arrérages de rentes,
remboursement, pension, et toutes sommes géné-

ralement quelconques qui pourraient m'être dues
par qui ce puisse être ; débattre, régler, arrêter, et
quittancer ou solder tous comptes me concernant ;
opérer remise de tous titres et pièces ; donner reçus, quittances et décharge ; il pourra également
poursuivre mes locataires et fermiers pour cause de
réparations, dessaisonnement, détérioration ; résis-
ter à toutes demandes en trouble, en anticipation,
ou les intenter contre ceux qui les commettraient.
Employer à mon profit les fonds provenant de recette de loyers, revenus, fermages, rentes, remboursemens, emprunts, ventes, legs, donations ;
enfin toutes sommes quelconques, à tel paiement
ou placement qu'il croira utiles à mes intérêts, accepter, recevoir tous legs ou donations qui pourraient m'être faits, en donner quittance et décharge ;
recueillir toutes successions qui pourraient m'échoir ;
faire apposer les scellés, le cas échéant, sur les
meubles et effets desdites successions, procéder à
l'inventaire ou être présent à la levée des scellés
qui auraient pu être apposés ; y former opposition,
faire tous dires ou observations ; accepter purement
et simplement lesdites successions, ne les accepter
que sous bénéfice d'inventaire, et même y renoncer,
procéder aux lots et partages avec tous cohéritiers ;
et pour la généralité des causes ci-dessus trans-
crites, pratiquer toutes espèces de saisies, même
immobilière, toutes oppositions, y défendre, enfin
d'exercer toutes diligences et poursuites legales ;
me représenter en tous bureaux de paix et de conciliation, tribunaux de première instance ; interje-
ter appel devant les cours royales ; se pourvoir en
cassation ; au conseil d'Etat ; requérir tous huissiers, constituer avoués devant tous les tribunaux
et cours du royaume ; retirer toutes pièces de leurs
mains, de celles des notaires, en donner récépissé
et décharge, régler et payer tous les frais, honoraires

et vacations, soit de ceux-ci, soit des avocats qu'il aura jugé à propos d'employer ; fonder et révoquer avoués et défenseurs ; obtenir tous jugemens, les faire mettre à exécution ; transiger, traiter et compromettre avec droit de révocation comme bon lui semblera, effectuer tous paiemens nécessaires aux poursuites, prendre toutes inscriptions hypothécaires, les radier, réduire ou restreindre, ou s'opposer à leur radiation, réduction ou restriction, substituer tout ou partie de la présente à un autre mandataire, s'il éehet ; m'engageant à indemniser mon dit mandataire général de tous les soins qu'il consacrera à mes intérêts en vertu du présent, en frais, voyages et vacations, sur la présentation de son mémoire. En tant que besoin de passer, à mes frais, devant notaire, le présent que j'approuve dans tout son contenu, promettant de ratifier et ratifiant tout ce que dessus. A..... ce..... 1840.

(Deux sigatures).

Nota. Il faudra que le mandataire approuve l'écriture et le contenu.

Procuration spéciale.

Je soussigné, (*mon prénoms, qualité et demeure*) déclare par le présent donner pouvoir à M... (*nom, etc.*) de pour moi et à mon nom.... *indiquer le motif de la procuration*).

Promettant d'agréer et ratifier à sa réquisition ce qu'il aura fait à cet égard. A.... ce..... 1840.

(signature).

Procuration pour toucher une somme due.

Je soussigné (*nom, prénoms, etc.*). déclare par le présent donner pouvoir à M..... (*nom, etc.*)

De recevoir pour moi, et en mon nom, du sieur G... la somme de..... qu'il me doit suivant..... (*indiquer la cause*) d'en donner reçu, quittance et décharge, et, en cas de non-paiement de diriger contre lui toutes poursuites, diligences, oppositions, saisie arrêt, saisie exécution, même saisie immobilière qu'il jugera nécessaires à mes intérêts, traduire ledit sieur G..... ou tous autres de mes débiteurs devant les tribunaux de paix, ou de première instance, faire plaider, transiger, constituer avoué, donner soit quittance, soit main levée et faire toutes démarches et poursuites nécessaires au remboursement de ladite somme.

Promettant d'agréer et ratifier tout ce qu'il aura fait à cet égard.

(signature).

Pouvoir pour se faire représenter à une faillite.

C. de Com. 491. A partir du jugement déclaratif de la faillite, les créanciers pourront remettre au greffier leurs titres, avec un bordereau indicatif des sommes par eux réclamées. Le greffier devra en tenir état et en donner récépissé. Co. 440. Il ne sera responsable des titres que pendant cinq années à partir du jour de l'ouverture du procès-verbal de vérification. C. 2276.

492. Les créanciers qui, à l'époque du maintien ou du remplacement des syndics, en exécution du troisième paragraphe de l'art. 462, n'auront pas remis leurs titres, seront immédiatement avertis, par des insertions dans les journaux et par lettres du greffier, qu'ils doivent se présenter en personne ou par fondés de pouvoirs, dans le délai de vingt jours, à partir desdites insertions, aux syndics de la faillite, et leur remettre leurs titres accompagnés d'un bordereau indicatif des sommes par eux réclamées, si mieux ils n'aiment en faire le dépôt au greffe du tribunal de commerce; il leur en sera donné récépissé. — Co. 491. 522. 523. — A l'é-

gard des créanciers domiciliés en France, hors du lieu où siége le tribunal saisi de l'instruction de la faillite, ce délai sera augmenté d'un jour par cinq myriamètres de distance entre le lieu où siège le tribunal et le domicile du créancier. Co. 448. 582. — A l'égard des créanciers domiciliés hors du territoire continental de la France, ce délai sera augmenté conformément aux règles de l'art. 73 du Code de procédure civile.

Pouvoir.

Je soussigné (*comme ci-dessus*) me représenter à la faillite du sieur....., mon débiteur, ancien négociant à..... de participer à toutes les opérations et toutes les circonstances qui pourront se présenter dans ladite faillite, comme oppositions, reconnaissance, levée des scellés, etc., dires, réserves, formation de la liste des candidats au syndicat, à leur révocation et natamment de faire vérifier et affirmer ma créance que je déclare sincère et véritable; contester tous titres qui ne lui paraîtraient pas sérieux, ouïr le compte, l'approuver, toucher les dividendes s'il échet, consentir dans mes intérêts, si bon lui semble, à tous arrangemens possibles, à tous concordats, à toutes transactions, soit générales soit particulières, de faire partie de tous contrats d'union; enfin tout ce qui lui paraîtra convenable à mes intérêts, promettant la ratification de tous ces actes. Fait à..... le..... 1840.

(Signature).

Procuration spéciale pour se faire représenter au tribunal de commerce.

Je soussigné..... (*comme ci-dessus*), de me représenter au tribunal de commerce de..... pour soutenir et défendre en mon nom les fins au contenu de l'assignation donnée à ma requête au sieur......, conclure et plaider, faire valoir tous moyens de droit à l'appui de ma réclamation et faire dans mes intérêts tout ce qu'il croira nécessaire. Fait à..... le..... 1840.

(*Signature*).

Nota. La partie a le droit de se présenter en personne. C. Pr. 421.

Procuration pour faire rendre un compte de tutelle.

Je soussigné (*nom, prénoms, qualités* et *demeure*), en ma qualité de fils et héritier du sieur (*nom, etc.*) mon père décédé, donne par ces présentes au sieur (*nom, etc.*) de pour moi et en mon nom ouïr le compte amiable que je l'autorise à demander au sieur..... qui a été mon tuteur pendant l'espace de..... années, et qui a eu entre ses mains la gestion et l'administration de la succession de feu mon père ; de débattre et contester ledit compte article par article, les arrêter, toucher ce qui doit m'en revenir, en donner quittance et décharge. Et dans le cas ou mon tuteur se refuserait à un compte volontaire et amiable, j'autorise mondit sieur mandataire à procéder à sa reddition par voies judiciaires ; à cet effet le faire citer devant tous tribunaux compétens aux fins d'obtenir reddition de compte, de tutelle et appurement ; faire saisie arrêt, opposition, saisie exécution et tout ce qu'il croira avantageux à mes intérêts. Promettant, etc.

(*Signature*).

Compte de tutelle et de communauté.

Tout tuteur est comptable envers son pupille, tout compte doit être détaillé ; entre majeur il peut se rendre amiablement. Dans le préambule on doit faire mention de l'acte qui défère la tutelle, qu'elle le soit par testament ou assemblée de famille.

Si le tuteur est père ou mère, il doit déclarer

dans le préambule s'il veut user du droit qui lui est réservé par l'art. 384. C. C. ainsi conçu :

384. Le père, durant le mariage, et après la dissolution du mariage, le survivant des père et mère, auront la jouissance des biens de leurs enfans jusqu'à l'âge de dix-huit ans accomplis, ou jusqu'à l'émancipation qui pourrait avoir lieu avant l'âge de dix-huit ans.

S'il y a des difficultés sur le compte, elles sont jugées par le tribunal de première instance.

Modèle de compte de tutelle.

Compte de tutelle rendu par le sieur G...., nommé tuteur par testament du.... (*ou délibération du conseil de famille en date du....*) au sieur X...., actuellement majeur, (*ou émancipé par acte du...*) son pupille.

CHAPITRE Ier.

Art. Ier. Pour prix des meubles de la succession du sieur X...., père dudit X.... mineur, vendu par le ministère du sieur J.... commissaire-priseur, aux termes du procès-verbal dressé par ce dernier le.... reçu..... francs, ci............... oo f. oo c.

Art. 2. Reçu du sieur.... la somme de.... qu'il devait suivant billet en date du.... ci,................... oo   oo

Etablir ainsi toutes les recettes.

CHAPITRE II. Dépense.

Art. 1. Payé à M...., juge de paix (*du canton ou de la ville de....*) pour apposition et levée de scellés la somme de..... suivant quittance de son greffier, dûment représenté ci..... oo f. oo c.

Art. 2. Payé à M. S..... docteur en médecine la somme de...., pour soins donnés au défunt, suivant quittance, ci..................... oo f. oo c.

Art. 3. Payé à M..... pharmacien,
la somme de..... suivant quittance, ci.   oo   oo
Ainsi de suite.

CHAPITRE III. — Sommes a recouvrer.

Art. 1. Il est dû par le sieur G....
la somme de...., suivant contrat reçu
par X...., notaire ci.............   oo   oo
Art. 2. Dû par le sieur V..... la
somme de...., suivant son billet sous
la date du..... ci.................   oo   oo

Ainsi de suite.

Total.....   oo   oo

Récapitulation.

Chapitre 1. *Recette*...........   oo f. oo c.
Chapitre 2. *Dépense*..........   oo   oo
Chapitre 3. *Sommes à recouvrer.*   oo   oo

Excédant de la recette..........   oo   oo

Il résulte du présent compte que j'affirme sincère
et véritable, que la recette excède la dépense d'une
somme de...., et qu'alors, en ma qualité de tuteur
je suis redevable envers le sieur X...., de celle de...
(*ou* que la dépense excédant la recette d'une somme
de..., le sieur X.... m'est redevable de celle de....
Je suis en outre prêt à remettre au sieur X....
les titres qui me restent entre les mains et qui n'ont
pu encore être recouvrés pendant ma gestion ainsi
qu'il en est bien et dûment justifié.
Fait à....le..... 1840.

(*Signature.*)

Décharge d'un compte de tutelle.

Je soussigné X...., fils de feu X...., mon père
décédé; après avoir pris communication du compte

de tutelle qui m'a été présenté par le sieur G....,
mon tuteur, lequel a administré et géré mes biens
depuis la mort de mon père, en date du.... jusques
à ce jour, déclare approuver ledit compte dans
toute sa teneur, comme juste et fidèlement rendu,
et qu'après balance faite entre la recette et la dépense, il m'a été remis à l'instant même par ledit
sieur G..... une somme de..... dont il m'était redevable ; (*ou qu'après balance faite nous sommes
entièrement quittes l'un envers l'autre ;*) j'ai également reçu tous les titres et pièces concernant la succession dont décharge complète, à..... ce.... 1840.

(Signature.)

Reconnaissance d'une somme due par un tuteur ensuite d'un compte de tutelle

Je soussigné G.... en ma qualité de tuteur du
sieur X...., fils, actuellement majeur de défunt
X...., reconnais qu'ensuite de la gestion et administration de ses biens, dont décharge m'a été donnée ainsi que de la remise de tous titres, je lui suis
redevable d'une somme de...., laquelle je m'oblige
à lui rembourser en un seul paiement dans le délai
de...., (*ou en trois termes égaux, dont le premier échéra le...., le second le...., etc.,*) avec l'intérêt à cinq pour cent par année, à.... ce.... 1840.

(Signature).

Reconnaissance d'une somme due à un tuteur sur un compte de tutelle.

Je soussigné X...., fils de feu X...., mon père
décédé, après avoir pris communication du compte
de tutelle qui m'a été présenté par le sieur G....,
mon tuteur, en suite de la gestion et administration de mes biens, depuis la mort de mon père, en
date du...., jusqu'à ce jour, et dont je lui donne
décharge pleine et entière y compris la remise de

tous papiers et titres, reconnais, après toute balance faite entre la recette et la dépense, rester redevable envers ledit sieur G...., de la somme de...., laquelle je lui rembourserai, etc., (*comme ci-dessus*). Fait à..... ce..... 1840.

(Signature.)

Procuration pour une reddition de compte de communauté.

Je soussigné, etc... En ma qualité d'héritier, comme étant son parent, de la dame M..... décédée, sans enfant, épouse du sieur G....... Je donne, par le présent, procuration au sieur H..... de faire rendre compte audit sieur G....., de la communauté qui a existé entre lui et la défunte depuis le....... époque de son mariage jusqu'à son décès. En cas de refus d'un compte amiable j'autorise ledit sieur G..... à l'y contraindre par tous moyens de droit et à cet effet de faire toutes poursuites et diligences nécessaires à mes intérêts, etc. Fait à..... le..... 1840.

Le compte de communauté et le partage peuvent se faire amiablement lorsque tous les co-intéressés sont d'accord, majeurs, jouissant de l'exercice de leurs droits civils, présens ou dûment représentés. C. C. 819, et C. de Pr. 985 ; mais s'il y a parmi les intéressés des mineurs, des interdits ou des absents, il faut nécessairement que le compte soit rendu en justice : argument des art. 1476 et 819 du C. C.

S'il s'élève des difficultés sur le compte, on peut transiger ; mais si ce compte concerne des mineurs, interdits ou absents, le tuteur ne peut le faire qu'avec l'autorisation du conseil de famille et l'avis de trois jurisconsultes désignés par le procureur du roi. Il faut, en outre, que la transaction soit homologuée par le tribunal, après avoir ouï les conclusions du ministère public.

Si toutes les parties ne sont pas capables de contracter, le compte doit être précédé d'apposition et de levée de scellés par le juge de paix de l'endroit, et d'un inventaire dressé par un notaire ; ce compte alors sera rendu pardevant le tribunal du domicile du lieu du décédé.

Compte de communauté rendu entre majeurs capables de contracter.

Compte de communauté que le sieur G...., époux de la dame F...., décédé le...., rend de la communauté qui a existé entre lesdits époux, en vertu d'un contrat de mariage reçu par M° X...., notaire à ...... sous la date du...., *ou en vertu du mariage célébré entre les époux, pardevant l'office public de....*) aux sieurs G...., et G...., fils majeurs procréés dudit mariage, lesquels sont aux droits de leur mère pour la moitié de ladite communauté.

CHAPITRE Ier.

Actif de la communauté.

Art. Ier. Un mobilier se composant de (*désigner chaque objet, article par article, avec le prix de l'estimation, et porter le total en compte, ou si l'on est d'accord, on peut porter en masse la valeur du mobilier*), ci............ 00 00

Art. II. Argent monnoyé, ci.... 00 00

Art. III. Bijoux, hardes, linge à l'usage de la défunte (*désigner les objets et leur valeur ci*........... 00 00

Art. 4. Argenterie consistant en (*désigner les objets, leur poids et leur valeur*), ci............ 00 00

Art. 5. Contrats de constitution de rentes (*les désigner chacun avec leur valeur*) ci.......................... 00 00

4

Art. 6. Sommes dues en billets *(les désigner et la valeur de chacun)*, ci.   oo   oo

Art. 7. Sommes dues dont le recouvrement est incertain *(les désigner, etc.)* ci................   oo   oo

Art. 8. Biens acquis pendant la communauté et en faisant partie. *(Désigner ces biens, leur situation, la date de l'acquisition, leur revenu, ceux qui les détiennent soit à loyer soit à ferme)*, ci................   oo   oo

(Il faut enfin désigner tous les objets composant l'actif de la communauté).

Total........   oo   oo

CHAPITRE II. — Passif de la communauté.

Art. 1. Frais funéraires *(les détailler)* ci.....................   oo   oo

Art. 2. Frais de maladie *(les détailler)* ci.....................   oo   oo

Art. 3. Frais de scellés, inventaire, estimation de meubles et effets *(les détailler)* ci.....................   oo   oo

Art. 4. Contributions dues *(les détailler)* ci.....................   oo   oo

Art. 5. Salaires dues aux commis ou employés *(les détailler)*, ci......   oo   oo

Art. 6. Gages dûes aux domestiques, *(les détailler)* ci..........   oo   oo

Art. 7. Sommes dûes à différens marchands *(les détailler)* ci.......   oo   oo

(Désigner enfin tout ce qui est dû ou tout ce que l'on a payé depuis l'inventaire).

Total......   oo   oo

CHAPITRE III. — Reprises a faire.

Art. 1. Pour le deuil une somme de..... ci...................... oo oo

Art. 2. La somme de....., provenant au survivant la succession de son père, décédé le... suivant acte de partage du..., versée, ci .... oo oo

Art. 3. La somme de..... provenant de la vente d'une maison, apparnant au survivant (*désigner les autres biens vendus s'il y en a*), laquelle a été versée en communauté, ci ...... oo f. oo c.

Art. 4. La somme de....., prise sur les fonds de la communauté pour rembourser, (*désigner la dette et joindre la quittance*) laquelle somme était due par la défunte avant son mariage, ci........................ oo oo

(*Désigner enfin toutes les sommes employées à rembourser ce que devait personnellement la défunte,*) ci. oo oo

Total..... oo f. oo c.

Récapitulation.

Chapitre Ier. *Actif de la communauté,* ci...................... oo oo

Chapitre II. *Passif de la communauté,* ci...................... oo oo

Chapitre III. Reprises à faire, ci... oo oo

Total..... oo oo

Il résulte du compte ci-dessus, que l'actif de la communauté s'élève à la somme de....., le passif à celle de...., que les reprises s'élèvent à la somme

de..., et que ledit sieur G... époux survivant de la
dame F...., déduction et prélèvement faits de cette
dernière somme de....., montant de ses reprises
établis audit compte, se trouve redevable envers
les sieurs G...., et G.... de la somme de....., sur
la communauté. A ..... ce..... 1840.

(Signature).

*Nota. Il faut observer que les noms et prénoms
de toutes les parties doivent être désignés fidèlement.*

Décharge de compte de communauté.

Entre nous soussignés G...., et G..... fils majeur de feue la dame F...., d'une part;

Et M. G..... notre père, veuf de ladite dame
F...., d'autre part ; il a été arrêté ce qui suit :

Nous G..... et G..... reconnaissons, qu'ensuite
du compte de communauté dressé amiablement
entre nous, et le sieur G.... notre père, il résulte
que ce dernier n'est plus redevable envers la communauté que de la somme de...., laquelle il nous
a versée à l'instant même et soldée, (*désigner ici
le mode de libération*) au moyen de laquelle toute
espèce de compte est terminée entre nous, le surplus de la communauté soit en meubles, effets, argent, en quoi il puisse consister demeurant la pleine
et entière propriété de notre père, pour par lui en
disposer comme à lui appartenant ; en foi de quoi
nous lui donnons décharge entière des parts et portions qui nous revenaient dans ladite communauté.

Fait triple à..... ce...... 1840.

(Signatures.)

*Procuration pour faire reconnaître une rente et
passer titre-nouvel.*

Je soussigné (*nom, prénoms, qualités et domicile*), déclare constituer pour mon procureur
général et spécial le sieur....., avec pouvoir de pour

moi, et en mon nom, se présenter devant tel notaire il choisira, aux fins d'y faire reconnaître une rente de la somme de...., échéant le....: de chaque année, due à mon profit par (*nom etc.*,) et ce, en conformité du titre constitutif de cette rente reçu M°...., notaire à..... le..... à cet effet faire passer titre-nouvel et reconnaissance, et faire rembourser tous les arrérages dus, et généralement faire tout ce qui concerne mes intérêts en pareille circonstance, prendre défaut de non comparution, continuer toutes poursuites, aux fins d'avoir jugement pour obtenir ledit titre-nouvel, approuvant et ratifiant tout ce que ledit procureur fondé, constitué, fera en mon nom. Fait et donné à..... le.... 1840.

Procuration pour compromettre ou transiger.

Je soussigné (*nom etc.*), autorise le sieur..., de pour moi et en mon nom, transiger sur la contestation qui existe entre le sieur... (*nom etc.*), et moi, au sujet de... (*indiquer la cause*) lui donnant plein pouvoir de me soumettre aux clauses, charges et conditions qu'il croira devoir m'imposer, ou pour juger ladite action de compromettre et nommer tel arbitre, il jugera convenable, promettant etc. Fait à.... le.... 1840.

Procuration pour une vente.

Je soussigné (*comme ci-dessus*) de vendre avec garantie, par acte sous seing-privé (*ou notarié*), moyennant la somme de...., payable à quinze jours de date, une forêt, à moi appartenant, suivant acte d'acquisition en date du...., et située à...., de la consistance et contenance de...., de donner quittance et décharge de ladite somme à l'acquéreur, auquel il remettra les pièces et titres de propriété. Promettant, etc. Fait à.... le.....

Procuration pour faire lots et partages.

Je soussigné (*comme dessus*) de faire avec les sieurs G..... G..... G..... mes frères et cohéritiers, dans la succession de...., G...., notre père, décédé à.... le...., lots et partage des biens provenant de ladite succession; et en cas de refus de procéder amiablement à ladite opération, contraindre mes cohéritiers, par les voies de droits, à faire les lots, en conséquence diriger toutes poursuites et diligences convenables, citer en conciliation, traduire devant les tribunaux, faire plaider, obtenir jugement, faire opposition, saisie-arrêt, saisie exécution, substituer et faire généralement tout ce qui conviendra à mes intérêts.

Promettant, etc. Fait à... le... 1840.

Procuration pour acheter des marchandises.

Je soussigné etc.,

D'acheter pour moi et en mon nom la quantité de...., (*Indiquer les objets*) de solder comptant le prix desdits marchandises, d'en retirer facture et prendre quittance ; de les faire charger et transporter par voiture, ainsi qu'il avisera bien être, m'engageant à lui rembourser tous frais et avances faits en sus de la somme que je lui ai versée pour ladite acquisition, laquelle je ratifie et tiens pour agréable.

Fait à..... ce..... 1840.

(*Signature.*)

Procuration pour passer bail.

Je soussigné, etc.

De louer par un bail de six ou neuf années la maison qui m'appartient, et située à...., moyennant le prix et la somme de...., payables d'année en année jusqu'à fin, à qui il avisera bon être, de percevoir les loyers, de lui en donner quittance, de tenir la main à ce qu'il fasse les réparations locatives, et à l'exécution des clauses et conventions à remplir à l'expiration du bail; faute par le locataire de se conformer aux clauses et conditions stipulées, de payer exactement les loyers, diriger contre lui toutes poursuites et diligences légales, le faire saisir-exécuter dans ses meubles et effets, l'assigner devant les tribunaux, y faire défendre par telle personne il jugera convenable, obtenir jugemens, les mettre à exécution, enfin, faire tout ce qu'il jugera convenable à mes intérêts.

Promettant, etc. Fait à..... ce..... 1840.

Procuration pour emprunter.

Je soussigné, etc., donne pouvoir de pour moi et en mon nom, emprunter pour mon compte et pour moi la somme de....., au taux de cinq pour cent par an, de signer à cet effet tous actes nécessaires et valables. Promettant, etc.

A..... le..... 1840.

Procuration pour régler un compte.

Je soussigné, etc., donne par le présent pouvoir au sieur..... de prendre communication du compte de marchandises qui existe entre le sieur G..... et moi, d'établir balance d'intérêts entre nous deux, de sorte que nous puissions, soit moi, soit lui, payer à l'autre, ce qui pourrait lui être dû, le cas échéant, enfin toucher ou rembourser en mon nom, donner ou recevoir quittance. Promettant, etc. A..... ce..... 1840.

Quittance pure et simple.

Au moyen de la somme de.... que me devait le sieur..... aux termes d'un..... laquelle m'est remboursée par lui à l'instant même, je le tiens quitte et déchargé de toutes dettes à mon égard.

Cejourd'hui.... 1840.

(signature).

Nota. Les art. 12 et 26 de la loi du 13 brumaire an 7, et 1248, C. C. veulent que les quittances, décharges, reçus et récipissés soient sur papier timbré.

Révocation de la procuration.

Nota. Elle ne peut être faite que par le ministère d'un huissier. C. C. 2003.

L'an mil huit cent quarante, le, etc.... à la requête du sieur G... (*nom, prénoms, qualités et demeure*) lequel fait élection de domicile en.....

J'ai, huissier, etc., et soussigné, déclaré au sieur G. (*nom, etc.*). en son domicile où étant et parlant à.....

Que le sieur G... entend révoquer, comme en effet par les présentes il révoque la procuration par lui donnée au sieur H..... suivant acte reçu, M*.... notaire à..... et son collègue (*ou bien la procuration sous-seing privée*) laquelle est générale et spéciale (*si c'est toute autre procuration on le met*), pour administrer et gérer ses biens, meubles et immeubles qu'il possède à..... et à ce que ledit H... n'en ignore et cesse à l'avenir de s'immiscer dans lesdites administration et gestion des biens dont est question, et n'ait plus à faire usage de la procuration susdite, et à l'effet de ce que dessus, et à pareille requête, demeure et élection de domicile, j'ai huissier susdit et soussigné, fait sommation audit sieur H..., domicile et parlant comme dit est, de remettre au requérant l'original de la procuration sus-énoncée, et de rendre compte de la gestion qu'il a faite jusqu'à présent, en vertu de ladite procuration, sinon et faute par lui de satisfaire à la présente sommation, je lui ai déclaré que le requérant se pourvoira pour l'y contraindre, et j'ai au sus-nommé et parlant comme dit est, laissé copie du présent exploit dont le coût est de....

Si le mandataire faisait résistance et ne rendait pas la procuration, il serait indispensable, par prudence, de dénoncer l'acte de révocation aux tiers avec lesquels il peut traiter.

CHAP. X. — DU TESTAMENT OLOGRAPHE OU SOUS-SEING PRIVÉ.

Le testament olographe étant de tous les testamens celui qui réserve au testateur la liberté, l'indépendance les plus vastes, nous lui consacrerons un chapitre particulier, en citant exactement le texte de la loi qui régit la matière.

967. Toute personne pourra disposer par testament, soit sous le titre d'institution d'héritier, soit sous le titre de legs, soit sous toute autre dénomination propre à manifester sa volonté.

968. Un testament ne pourra être fait dans le même acte par deux ou plusieurs personnes, soit au profit d'un tiers, soit à titre de disposition réciproque et mutuelle.

969. Un testament pourra être olographe, ou fait par acte public, ou dans la forme mystique.

970. *Le testament olographe ne sera point valable s'il n'est écrit en entier, daté et signé de la main du testateur : il n'est assujetti à aucune autre forme.*

999. Un Français qui se trouvera en pays étranger pourra faire ses dispositions testamentaires par acte sous signature privée, ainsi qu'il est prescrit en l'article 970, ou par acte authentique avec les formes usitées dans le lieu où cet acte sera passé.

1000. Les testamens faits en pays étrangers ne pourront être exécutés sur les biens situés en France qu'après avoir été enregistrés au bureau du domicile du testateur s'il en a conservé un; sinon, au bureau de son dernier domicile connu en France;

et, dans le cas où le testament contiendrait des dispositions d'immeubles qui y seraient situés, il devra être en outre enregistré au bureau de la situation de ces immeubles, sans qu'il puisse être exigé un double droit.

1001. Les formalités auxquelles les divers testamens sont assujettis par les dispositions de la présente section et de la précédente, doivent être observées, à peine de nullité.

De la portion des biens disponibles.

913. Les libéralités, soit par actes entre-vifs, soit par testament, ne pourront excéder la moitié des biens du disposant s'il ne laisse à son décès qu'un enfant légitime ; le tiers, s'il laisse deux enfans ; le quart, s'il en laisse trois ou un plus grand nombre.

914. Sont compris dans l'article précédent, sous le nom d'enfans, les descendans en quelque degré que ce soit ; néanmoins ils ne sont comptés que pour l'enfant qu'ils représentent dans la succession du disposant.

915. Les libéralités par actes entre-vifs ou par testament ne pourront excéder la moitié des biens si, à défaut d'enfant, le défunt laisse un ou plusieurs ascendans dans chacune des lignes paternelle et maternelle ; et les trois quarts, s'il ne laisse d'ascendans que dans une ligne.

Les biens ainsi réservés au profit des ascendans seront par eux recueillis dans l'ordre où la loi les appelle à succéder ; ils auront seuls droit à cette réserve dans tous les cas où un partage en concurrence avec des collatéraux ne leur donnerait pas la quotité de biens à laquelle elle est fixée.

916. A défaut d'ascendans et de descendans, les libéralités par actes entre-vifs ou testamentaires pourront épuiser la totalité des biens.

917. Si la disposition par actes entre-vifs ou par testament est d'un usufruit ou d'une rente viagère, dont la valeur excède la quotité disponible, les héritiers au profit desquels la loi fait une réserve auront l'option ou d'exécuter cette disposition, ou de faire l'abandon de la propriété de la quotité disponible.

918. La valeur en pleine propriété des biens aliénés, soit à charge de rente viagère, soit à fonds perdu, ou avec réserve d'usufruit, à l'un des successibles en ligne directe, sera imputée sur la portion disponible, et l'excédant, s'il y en a, sera rapporté à la masse. Cette imputation et ce rapport ne pourront être demandés par ceux des autres successibles en ligne directe qui auraient consenti à ces aliénations, ni dans aucun cas, par les successibles en ligne collatérale.

919. La quotité disponible pourra être donnée, en tout ou en partie, soit par acte entre-vifs, soit par testament, aux enfans ou autres successibles du donateur, sans être sujette au rapport par le donataire ou le légataire venant à la succession, pourvu que la disposition ait été faite expressément à titre de préciput ou hors part. La déclaration que le don ou le legs est à titre de préciput ou hors part pourra être faite soit par l'acte qui contiendra la disposition, soit postérieurement dans la forme des dispositions entre vifs ou testamentaires

De la réduction des donations et legs.

920. Les dispositions, soit entre-vifs, soit à cause de mort, qui excéderont la quotité disponible seront réductibles à cette quotité lors de l'ouverture de la succession.

923. Il n'y aura jamais lieu à réduire les donations entre-vifs qu'après avoir épuisé la valeur de

tous les biens compris dans les dispositions testamentaires ; et, lorsqu'il y aura lieu à cette réduction, elle se fera en commençant par la dernière donation ; et ainsi de suite en remontant des dernières aux plus anciennes.

926. Lorsque les dispositions testamentaires excéderont soit la quotité disponible, soit la portion de cette quotité qui resterait après avoir déduit la valeur des donations entre-vifs, la réduction sera faite au marc le franc, sans aucune distinction entre les legs universels et les legs particuliers.

927. Néanmoins, dans tous les cas où le testateur aura expressément déclaré qu'il entend que tel legs soit acquitté de préférence aux autres, cette préférence aura lieu ; et le legs qui en sera l'objet ne sera réduit qu'autant que la valeur des autres ne remplirait pas la réserve légale.

928. Le donataire restituera les fruits de ce qui excédera la portion disponible à compter du jour du décès du donateur, si la demande en réduction a été faite dans l'année ; sinon du jour de la demande.

Formulaire de testament olographe entre époux.

CECI EST MON TESTAMENT.

Nancy le..... juin mil huit cent .... Je soussigné (*nom et prénoms, profession et domicile en toutes lettres*).

Déclare que voulant donner à mon épouse (*les nom, prénoms, profession et domicile en toutes lettres, ou à mon époux si c'est la femme qui teste*), une preuve de ma vive affection, en récompense de celle qu'elle (*ou qu'il*) m'a toujours témoignée ; désirant, d'ailleurs, reconnaître, autant qu'il est en moi, les soins qu'elle (*ou qu'il*) n'a cessé de me prodiguer, j'ai résolu de faire et fais effectivement, en sa faveur, les dispositions de dernières volontés qui suivent : Je lui donne et lègue expressément la généralité et l'universalité des biens que je laisserai à mon décès, tant meubles qu'immeubles, en quoi ils puissent consister et de quoi ils puissent se composer, sans exception, ni réserve aucune, pour par elle (*ou par lui*) en jouir, à partir du jour de mon décès, comme souveraine maîtresse (*ou maître*) de chose à elle (*ou à lui*) appartenant. Dans le cas où un ou plusieurs enfans à naître de notre union existeraient à cette même époque de mon décès, j'entends et je veux qu'alors mes dispositions de dernières volontés, ayant pour objet la nue-propriété soient converties en dispositions relatives à un simple usufruit, en conséquence, dans le cas d'existence d'un ou de plusieurs enfans audit jour de mon décès, je lègue à mon épouse sus-nommée (ou époux sus-nommé), la moitié de mes biens meubles et immeubles, mais pour en jouir en usufruit seulement, et cela conformément à la disposition finale de l'art. 1094 du code civil (*ou le quart en propriété et le quart en usufruit*). Je dispense, toutefois madite épouse (*ou mondit époux*) de fournir caution, voulant qu'elle (*ou qu'il*) jouisse de ce que je lui abandonne, sans contrainte ni difficulté aucune. Les présentes faites librement et volontairement, de ma part, en pleines et entières santé et raison, les jour, mois et an avant dits.

(Signature).

Nota: Il faut signer et parapher au bas de chaque page , ainsi que tous les renvois.

Autre modèle de testament olographe fait par un célibataire ou un époux sans enfant.

Je soussigné (*nom*, *prénoms*, *profession et domicile*), ma santé et raison étant pleines et entières, je dispose de mon avoir, pour en être joui après mon décès, ainsi qu'il suit : Je donne et lègue à.., (*nom , prénoms , profession et domicile du légataire*), tous mes biens meubles et immeubles, dont je puis disposer conformément à la loi.

Fait à Nancy le..... juin mil huit cent ....

(Signature).

Autre formule.

Je soussigné (*comme ci-dessus*) donne et lègue à... . (*comme ci-dessus*) pour par lui en jouir après mon décès, la somme de..... une fois payée. Je donne et lègue à..... une rente viagère et perpétuelle de la somme de..... je veux qu'il soit fait partage du surplus de mes biens entre mes héritiers, conformément à la loi. J'institue mon exécuteur testamentaire M... (*nom , prénoms , etc.*), avec prière d'accepter, à titre de reconnaissance et souvenir d'amitié la somme de..... (*ou bien un meuble, un bijou, etc.*); telles sont mes seules et dernières volontés.

A Nancy, le....... juin mil huit cent ....

(Signature).

CHAP. XI. — DU BAIL, LOUAGE D'OUVRIERS, ETC.

1714. On peut louer ou par écrit ou verbalement.

1715. Si le bail fait sans écrit n'a encore reçu aucune exécution, et que l'une des parties le nie, la preuve ne peut être reçue par témoins, quelque modique qu'en soit le prix, et quoiqu'on allègue qu'il y a eu des arrhes données.

Le serment peut seulement être déféré à celui qui nie le bail.

1716. Lorsqu'il y aura contestation sur le prix du bail verbal dont l'exécution a commencé, et qu'il n'existera point de quittance, le propriétaire en sera cru sur son serment si mieux n'aime le locataire demander l'estimation par experts, auquel cas les frais de l'expertise restent à sa charge si l'estimation excède le prix qu'il a déclaré.

1717. Le preneur a le droit de sous-louer et même de céder son bail à un autre, si cette faculté ne lui a pas été interdite.

Elle peut être interdite pour le tout ou partie.

Cette clause est toujours de rigueur.

1718. Les articles du titre *du Contrat de mariage et des Droits respectifs des Époux* relatifs aux baux des biens des femmes mariées, sont applicables aux baux des biens des mineurs.

1719. Le bailleur est obligé, par la nature du contrat, et sans qu'il soit besoin d'aucune stipulation particulière,

1° De délivrer au preneur la chose louée ;

2° D'entretenir cette chose en état de servir à l'usage pour lequel elle a été louée ;

3° D'en faire jouir paisiblement le preneur pendant la durée du bail.

1720. Le bailleur est tenu de livrer la chose en bon état de réparations de toute espèce.

Il doit y faire, pendant la durée du bail, toutes les réparations qui peuvent devenir nécessaires, autres que les locatives.

1721. Il est dû garantie au preneur pour tous les vices ou défauts de la chose louée qui empêchent l'usage, quand même le bailleur ne les aurait pas connus lors du bail.

S'il résulte de ces vices ou défauts quelque perte pour le preneur, le bailleur est tenu de l'indemniser.

1722. Si, pendant la durée du bail, la chose louée est détruite en totalité par cas fortuit, le bail est résilié de plein droit ; si elle n'est détruite qu'en partie, le preneur peut, suivant les circonstances, demander ou une diminution du prix ou la résiliation même du bail. Dans l'un et l'autre cas il n'y a lieu à aucun dédommagement.

1723. Le bailleur ne peut, pendant la durée du bail, changer la forme de la chose louée.

1724. Si durant le bail, la chose louée a besoin de réparations urgentes, et qui ne puissent être différées jusqu'à sa fin, le preneur doit les souffrir, quelque incommodité qu'elles lui causent, et quoiqu'il soit privé, pendant qu'elles se font, d'une partie de la chose louée.

Mais, si ces réparations durent plus de quarante jours, le prix du bail sera diminué à proportion du temps et de la partie de la chose louée dont il aura été privé.

Si les réparations sont de telle nature qu'elles rendent inhabitable ce qui est nécessaire au logement du preneur et de sa famille, celui-ci pourra faire résilier le bail.

1725. Le bailleur n'est pas tenu de garantir le preneur du trouble que des tiers apportent par voie de fait à sa jouissance, sans prétendre d'ailleurs aucun droit sur la chose louée ; sauf au preneur à les poursuivre en son nom personnel.

1726. Si, au contraire, le locataire ou le fermier ont été troublés dans leur jouissance par suite d'une action concernant la propriété du fonds, ils ont droit à une diminution proportionnée sur le prix du bail à loyer ou à ferme, pourvu que le trouble et l'empêchement aient été dénoncés au propriétaire.

1727. Si ceux qui ont commis les voies de fait prétendent avoir quelque droit sur la chose louée, ou si le preneur est lui-même cité en justice pour se voir condamner au délaissement de la totalité ou de partie de cette chose, ou à souffrir l'exercice de

quelque servitude, il doit appeler le bailleur en garantie, et doit être mis hors d'instance, s'il l'exige,
en nommant le bailleur pour lequel il possède.

1728. Le preneur est tenu de deux obligations
principales :

1° D'user de la chose louée en bon père de famille, et suivant la destination qui lui a été donnée
par le bail ou suivant celle présumée d'après les
circonstances, à défaut de convention ;

2° De payer le prix du bail aux termes convenus.

1729. Si le preneur emploie la chose louée à un
autre usage que celui auquel elle a été destinée,
ou dont il puisse résulter un dommage pour le
bailleur, celui-ci peut, suivant les circonstances,
faire résilier le bail.

1730. S'il a été fait un état des lieux entre le
bailleur et le preneur, celui-ci doit rendre la chose
telle qu'il l'a reçue, suivant cet état, excepté ce
qui a péri ou a été dégradé par vétusté ou force
majeure.

1731. S'il n'a pas été fait d'état des lieux, le
preneur est présumé les avoir reçu en bon état de
réparations locatives et, doit les rendre tels, sauf
la preuve contraire.

1732. Il répond des dégradations ou des pertes
qui arrivent pendant sa jouissance à moins qu'il ne
prouve qu'elles ont eu lieu sans sa faute.

1733. Il répond de l'incendie à moins qu'il ne
prouve Que l'incendie est arrivé par cas fortuit ou
force majeure, ou par vice de construction, ou que
le feu a été communiqué par une maison voisine.

1734. S'il y a plusieurs locataires, tous sont solidairement responsables de l'incendie. A moins
qu'ils ne prouvent que l'incendie a commencé
dans l'habitation de l'un d'eux, auquel cas celui-là
seul en est tenu ; ou que quelques-uns ne prouvent

que l'incendie n'a pu commencer chez eux, auquel cas ceux-là n'en sont pas tenus.

1735. Le preneur est tenu des dégradations et des pertes qui arrivent par le fait des personnes de sa maison ou de ses sous-locataires.

1736. Si le bail a été fait sans écrit, l'une des parties ne pourra donner congé à l'autre qu'en observant les délais fixés par l'usage des lieux.

1737. Le bail cesse de plein droit à l'expiration du terme fixé lorsqu'il a été fait par écrit, sans qu'il soit nécessaire de donner congé.

1738. Si, à l'expiration des baux écrits, le preneur reste et est laissé en possession, il s'opère un nouveau bail dont l'effet est réglé par l'article relatif aux locations faites sans écrit.

1739. Lorsqu'il y a un congé signifié, le preneur, quoiqu'il ait continué sa jouissance, ne peut invoquer la tacite réconduction.

1740. Dans le cas des deux articles précédens, la caution donnée pour le bail ne s'étend pas aux obligations résultant de la prolongation.

1741. Le contrat de louage se résout par la perte de la chose louée, et par le défaut respectif du bailleur et du preneur, de remplir leurs engagemens.

1742. Le contrat de louage n'est point résolu par la mort du bailleur, ni par celle du preneur.

1743. Si le bailleur vend la chose louée, l'acquéreur ne peut expulser le fermier ou locataire qui a un bail authentique ou dont la date est certaine, à moins qu'il ne se soit réservé ce droit par le contrat de bail.

1744. S'il a été convenu, lors du bail, qu'en cas de vente l'acquéreur pourrait expulser le fermier ou locataire, et qu'il n'ait été fait aucune stipulation sur les dommages et intérêts, le bailleur est tenu d'indemniser le fermier ou le locataire de la manière suivante.

1745. S'il s'agit d'une maison, appartement ou boutique, le bailleur paye, à titre de dommages et intérêts, au locataire évincé, une somme égale au prix du loyer pendant le temps qui, suivant l'usage des lieux est accordé entre le congé et la sortie.

1746. S'il s'agit des biens ruraux, l'indemnité que le bailleur doit payer au fermier est du tiers du prix du bail pour tout le temps qui reste à courir.

1747. L'indemnité se réglera par experts s'il s'agit de manufactures, usines, ou autres établissemens qui exigent de grandes avances.

1748. L'acquéreur qui veut user de la faculté réservée par le bail, d'expulser le fermier ou locataire en cas de vente est en outre tenu, d'avertir le locataire au temps d'avance usité dans le lieu pour les congés.

Il doit aussi avertir le fermier de biens ruraux, au moins un an à l'avance.

1749. Les fermiers ou les locataires ne peuvent être expulsés qu'ils ne soient payés par le bailleur, ou, à son défaut, par le nouvel acquéreur, des dommages et intérêts ci-dessus expliqués.

1750. Si le bail n'est pas fait par acte authentique, ou n'a point de date certaine, l'acquéreur n'est tenu d'aucuns dommages et intérêts.

1751. L'acquéreur à pacte de rachat ne peut user de la faculté d'expulser le preneur jusqu'à ce que, par l'expiration du délai fixé pour le réméré, il devienne propriétaire incommutable.

1752. Le locataire qui ne garnit pas la maison de meubles suffisans, peut être expulsé, à moins qu'il ne donne des sûretés capables de répondre du loyer.

1753. Le sous-locataire n'est tenu envers le propriétaire que jusqu'à concurrence du prix de sa sous-location dont il peut être débiteur au moment de la saisie, et sans qu'il puisse opposer des paiemens faits par anticipation. Les paiemens faits par le sous-locataire, soit en vertu d'une stipulation portée en son bail, soit en conséquence de l'usage des lieux, ne sont pas réputés faits par anticipation.

1754. Les réparations locatives ou de menu entretien dont le locataire est tenu, s'il n'y a clause contraire, sont celles désignées comme telles par l'usage des lieux, et entre autres les réparations à faire :

Aux âtres, contre-cœurs, chambranles et tablettes de cheminée.

Au recrépiment du bas des murailles des appartemens et autres lieux d'habitation, à la hauteur d'un mètre.

Au pavés et carreaux des chambres, lorsqu'il y en a seulement quelques-uns de cassés ; aux vitres, à moins qu'elles ne soient cassées par la grêle ou autres accidens extraordinaires ou de force majeure dont le locataire ne peut être tenu.

Aux portes, croisées, portes de cloison ou de fermeture de boutiques, gonds, targettes et serrures.

1755. Aucune des réparations réputées locatives n'est à la charge des locataires quand elles ne sont occasionnées que par vétusté ou force majeure.

1756. Le curement des puits et celui des fosses d'aisance sont à la charge du bailleur, s'il n'y a clause contraire.

1757. Le bail des meubles fournis pour garnir une maison entière, un corps de logis entier, une boutique, ou tous autres appartemens, est censé fait pour la durée ordinaire des baux de maisons, corps de logis, boutiques ou autres appartemens, selon l'usage des lieux.

1758. Le bail d'un appartement meublé est censé fait à l'année quand il a été fait à tant par an.

Au mois, quand il a été fait à tant par mois.

Au jour, s'il a été fait à tant par jour.

Si rien ne constate que le bail soit fait à tant par an, ou par jour, la location est censée faite suivant l'usage des lieux.

1759. Si le locataire d'une maison ou d'un appartement continue sa jouissance, après l'expiration du bail par écrit, sans opposition de la part du bailleur, il sera censé les occuper, aux mêmes conditions, pour le terme fixé pour l'usage des lieux, et ne pourra plus en sortir ni en être expulsé qu'après un congé donné suivant le délai fixé par l'usage des lieux.

1760. En cas de résiliation par la faute du locataire, celui-ci est tenu de payer le prix du bail pendant le temps nécessaire à la relocation; sans préjudice des dommages et intérêts qui ont pu résulter de l'abus.

1761. Le bailleur ne peut résoudre la location, encore qu'il déclare vouloir occuper par lui-même la maison louée, s'il n'y a eu convention contraire.

1762. S'il a été convenu dans le contrat de louage que le bailleur pourrait venir occuper la maison, il est tenu de signifier d'avance un congé aux époques déterminées par l'usage des lieux.

1763. Celui qui cultive sous la condition d'un partage de fruits avec le bailleur, ne peut ni sous-louer ni céder, si la faculté ne lui en a été expressément accordée par le bail.

1764. En cas de contravention le propriétaire a droit de rentrer en jouissance, et le preneur est condamné aux dommages-intérêts résultant de l'inexécution du bail.

1765. Si, dans un bail à ferme, on donne aux fonds une contenance moindre ou plus grande que celle qu'ils ont réellement, il n'y a lieu à augmentation ou diminution de prix pour le fermier que dans les cas et suivant les règles exprimées au titre *de la Vente.*

1766. Si le preneur d'un héritage rural ne le garnit pas des bestiaux et des ustensiles nécessaires à son exploitation, s'il abandonne la culture ; s'il ne cultive pas en bon père de famille ; s'il emploie la chose louée à un autre usage que celui auquel elle a été destinée, ou en général s'il n'exécute pas les clauses du bail, et qu'il en résulte un dommage pour le bailleur, celui-ci peut, suivant les circonstances, faire résilier le bail.

En cas de résiliation provenant du fait du preneur, celui-ci est tenu des dommages et intérêts, ainsi qu'il est dit en l'article 1164.

1767. Tout preneur de bien rural est tenu d'engranger dans les lieux à ce destinés d'après le bail.

1768. Le preneur d'un bien rural est tenu, sous peine de tous dépens dommages et intérêts, d'avertir le propriétaire des usurpations qui peuvent être commises sur les fonds.

Cet avertissement doit être donné dans le même délai que celui qui est réglé en cas d'assignation suivant la distance des lieux.

1769. Si le bail est fait pour plusieurs années et que, pendant la durée du bail, la totalité ou la moitié d'une récolte au moins soit enlevée par des cas fortuits, le fermier peut demander une remise du prix de sa location, à moins qu'il ne soit indemnisé par les récoltes précédentes.

S'il n'est pas indemnisé, l'estimation de la remise ne peut avoir lieu qu'à la fin du bail, auquel temps il se fait une compensation de toutes les années de jouissance.

Et cependant le juge peut provisoirement dispenser le preneur de payer une partie du prix en raison de la perte soufferte

1770. Si le bail n'est que d'une année, et que la perte soit de la totalité des fruits, ou au moins de la moitié, le preneur sera déchargé d'une partie proportionnelle du prix de la location.

Il ne pourra prétendre aucune remise si la perte est moindre de moitié.

1771. Le fermier ne peut obtenir de remise lorsque la perte des fruits arrive après qu'ils sont séparés de la terre, à moins que le bail ne donne au propriétaire une quotité de la récolte en nature; auquel cas le propriétaire doit supporter sa part de la perte, pourvu que le preneur ne fût pas en demeure de lui délivrer sa portion de récolte.

Le fermier ne peut également demander une remise lorsque la cause du dommage était existante et connue à l'époque où le bail a été passé.

1772. Le preneur peut être chargé des cas fortuits par une stipulation expresse.

1773. Cette stipulation ne s'entend que des cas fortuits ordinaires, tels que grêle, feu du ciel, gelée ou coulure.

Elle ne s'entend pas des cas fortuits extraordinaires, tels que les ravages de la guerre ou une inondation, auxquels le pays n'est pas ordinairement sujet, à moins que le preneur n'ait été chargé de tous les cas fortuits prévus ou imprévus.

1774. Le bail sans écrit d'un fonds rural est censé fait pour le temps qui est nécessaire, afin que le preneur recueille tous les fruits de l'héritage affermé.

Ainsi le bail à ferme d'un pré, d'une vigne, et de tout autre fonds dont les fruits se recueillent en entier dans le cours de l'année est censé fait pour un an.

Le bail des terres labourables, lorsqu'elles se divisent par soles ou saisons, est censé fait pour autant d'années qu'il y a de soles.

1775. Le bail des héritages ruraux quoique fait

sans écrit, cesse de plein droit à l'expiration du temps pour lequel il est censé fait, selon l'article précédent.

1776. Si, à l'expiration des baux ruraux écrits, le preneur reste et est laissé en possession, il s'opère un nouveau bail dont l'effet est réglé par l'article 1774.

1777. Le fermier sortant doit laisser à celui qui lui succède dans la culture les logemens convenables et autres facilités pour les travaux de l'année suivante ; et réciproquement le fermier entrant doit procurer à celui qui sort les logemens convenables et autres facilités pour la consommation des fourrages et pour les récoltes restant à faire.

Dans l'un et l'autre cas on doit se conformer à l'usage des lieux.

1778. Le fermier sortant doit aussi laisser les pailles et engrais de l'année s'ils les a reçus lors de son entrée en jouissance ; et, quand même il ne les aurait pas reçus, le propriétaire pourra les retenir suivant l'estimation.

C. Pr. 691. Si les immeubles sont loués par bail dont la date ne soit pas certaine, avant le commandement, la nullité pourra en être prononcée si les créanciers ou l'adjudicataire le demandent.

Si le bail a une date certaine, les créanciers pourront saisir et arrêter les loyers ou fermages ; et, dans ce cas, il en sera des loyers ou fermages échus depuis la dénonciation faite au saisi comme des fruits mentionnés en l'article 689.

C. C. 1328. Les actes sous seing-privé n'ont de date contre les tiers que du jour où ils ont été enregistrés, du jour de la mort de celui ou de l'un de ceux qui les ont souscrits, ou du jour où leur substance est constatée dans des actes dressés par des officiers publics, tels que procès-verbaux de scellé ou d'inventaires.

Ainsi on ne peut opposer à un tiers un acte non enregistré.

Bail d'une maison.

Entre les soussignés M..... (*nom, prénoms etc.,*) d'une part et G.... (*nom etc.,*) d'autre part, il a été convenu et arrêté ce qui suit :

Le sieur M..... laisse à bail, à titre de loyer au sieur G..... preneur et acceptant, pour (*trois, six ou neuf années consécutives,*) au choix respectif des parties, néanmoins après avertissement préalable et mutuel de trois mois, une maison, sise a,.... (*désigner le lieu, la rue, le N°,*) consistant.... (*faire la désignation*) laquelle maison a été visitée par le preneur, reconnue par lui en bon et parfait état de réparation.

L'entrée en jouissance est fixée au...., le prix du présent bail est fixé à la somme annuelle de..., payable, par quart, de trois mois en trois mois, dont le premier terme sera à échéance le... pour ainsi continuer jusqu'à fin, et remboursée au domicile du laisseur, ou au porteur de sa quittance. Le preneur s'engage, en outre, à garnir la maison de meubles suffisans pour la responsabilité du loyer, et à sa sortie il l'a rendra en bon état, conformément à l'état dressé contradictoirement entre les parties. Le preneur est tenu de souffrir et laisser faire toutes les grosses réparations que le laisseur serait obligé de confectionner pendant le cours dudit bail, le tout sans indemnité ; il paiera et supportera toutes les contributions locatives, des portes et fenêtres et autres, et se conformera aux réglemens de la police ; le tout sans diminution aucune sur le prix de son loyer. Il ne pourra sous-louer tout ou partie de ladite maison sans la permission écrite du laisseur.

Fait et signé double, le.....

(Signatures.)

Bail d'une Ferme.

Entre les soussignés (*nom, prénoms, qualités, profession et demeure*), propriétaire d'une part ;

Et L... (*nom, prénoms et demeure*), d'autre part ; Il a été convenu et arrêté ce qui suit :

Le sieur B... afferme par le présent bail pour.... année consécutives, lesquelles commenceront le.... et finiront le.... au sieur L.... cultivateur à.... et L..., son épouse, dûment autorisée par lui, ce qu'elle accepte, les biens dont la désignation suit; savoir :

Désignation exacte de la maison, la nature, contenance, situation de chaque terrain, prairie, vigne, etc.

Tels que tous ces biens s'étendent et se comportent, sans exception ni réserve, ni garantie de contenance, et sans réserve de la part des preneurs à indemnité, de même que le laisseur n'a droit à aucun dédommagement, dans le cas où les biens excéderaient les mesures déclarées, les preneurs déclarant avoir une entière connaissance du tout, après l'avoir vu et vérifié.

Le bailleur garantit aux preneurs la jouissance desdits biens pendant l'espace desdites années.

Le présent bail est passé aux charges, clauses et conditions suivantes, acceptées solidairement par les preneurs qui s'obligent à les exécuter et accomplir dans tout leur contenu, sans diminution de fermage.

1° Les preneurs garniront la ferme de meubles, fourrages, grains, chevaux, bestiaux, et objets d'exploitation, en suffisance pour répondre du fermage.

2° Toutes les réparations locatives seront à leur charge et à l'expiration du bail, ils rendront les lieux dans le même état que celui qui sera dressé entre les parties avant l'entrée en jouissance. Ils souffriront, le cas échéant, les grosses réparations, et charroyeront sans indemnité les matériaux qui y seront nécessaires.

3° Ils sont tenus de labourer, fumer et ensemencer les terres par soles, en saisons convenables, et ils ne pourront les dessoler ni les dessaisonner.

4° Toutes les pailles seront converties en fumier et destinées à l'engrais des terres, sans pouvoir en vendre ou distraire aucune partie, et à la fin du bail les preneurs laisseront toutes celles qui resteront. Ils entretiendront les clôtures qui se trouvent sur la ferme, videront et cureront, au besoin, les fossés et ils replanteront des haies partout où il en manquera.

5° Ils façonneront et cultiveront les vignes suivant l'usage des lieux, provigneront et remplaceront celles qui périraient ou que l'on défricherait ; les échalats sont à leur charge, ainsi que l'échenillage et replantation des arbres à la place de ceux qui mourraient.

6° Ils avertiront le bailleur de tous dégats, empiétemens, usurpations qui seraient faits sur les terrains, et ils paieront, outre les fermages, l'impôt foncier.

7° A l'expiration du bail, les preneurs rendront les terres en bon labourage et culture, et tous les ustensiles en bon état.

8° Le présent bail est fait moyennant la somme annuelle de.... que les preneurs s'obligent à payer solidairement au laisseur ou au sieur D... son mandataire, en la demeure de ceux-ci, en *deux ou trois* paiemens égaux, le premier desquels échéra le... le second le.... le troisième le.... pour être ainsi continué de terme en terme jusqu'à fin de bail.

Si le paiement s'effectue en grains ou denrées, ou moitié en argent on le stipulera.

A défaut de paiement du prix d'un terme, trois mois après son échéance, le présent bail sera nul, et résolu, et le bailleur, si bon lui semble, pourra disposer des biens affermés pour le reste de la durée dudit bail, le tout aux risques et périls des preneurs.

9° Nulle diminution sur le prix du présent bail ne pourra être réclamée de la part des preneurs pour cause de stérilité, sécheresse, débordement ou toute intempérie.

10. Le laisseur se réserve le droit de chasse sur ses propriétés.

11. Les preneurs ne pourront transporter le présent bail, sans le consentement formel et par écrit du laisseur.

Fait et signé double, à...... le

(*Signatures.*)

Désistement volontaire de bail.

Entre les soussignés (*comme ci-dessus*), il est convenu et arrêté ce qui suit : Nous nous sommes, par ces présentes, volontairement et mutuellement désisté et départis de l'effet et exécution du bail à loyer (*ou à ferme,*) passé entre nous le...., par acte sous seing-privé dudit jour, lequel bail consistait.... (*indiquer ici l'objet du bail*) consentant réciproquement à considérer ledit bail comme nul et résolu, sans indemnité aucune de part ni d'autre, pour le temps à expirer, lequel sera échu le..... prochain, auquel jour le preneur s'engage et sera tenu de vider les lieux (*ou délaisser les biens si c'est une ferme*), les rendre libre et en bon état, de réparations locatives, pour par moi bailleur en jouir et disposer à mon gré. La seule condition imposée au preneur, est d'acquitter au jour de sa sortie ci-dessus indiqué tous les loyers qu'il pourrait encore devoir aux termes dudit bail, lequel pour cet objet seulement conserve force et vigueur.

Fait et signé double à..... ce..... 18 .

(Signatures.)

Prorogation ou continuation de bail.

Entre nous soussignés (noms prénoms), il a été arrêté ce qui suit : Il est convenu que le bail sous seing-privé en date du....., lequel doit expirer le..., et relatif à la location de (désigner l'objet) est continué et prorogé pour avoir cours et effet pour le même temps et aux mêmes clauses, conditions et charges que celles qui y sont établies, et pour et moyennant le même prix pour chacune desdites, (trois, six ou neuf années) que le preneur s'oblige et sera tenu de me payer à moi bailleur, dans les mêmes termes au contenu du susdit bail.

Fait et signé double à..... ce..... 18 .

(Signatures.)

Congé amiable et volontaire.

Entre nous soussignés (noms, prénoms etc.),

Au moyen du congé qui m'est donné par le sieur B.... mon bailleur, lequel j'accepte (ou donné par le sieur S.... locataire, lequel est accepté par le bailleur), il est convenu que le bail sous seing-privé passé entre nous le..., d'une maison sise.. (ou autres propriétés) est et demeure résolu pour l'époque du...., auquel jour le locataire promet vider lesdits lieux, lesquels seront rendus en bon état de réparations locatives.

Fait double à..... ce..... 18 .

(Signatures.)

Bail d'une maison de campagne.

Entre les soussignés (*noms, prénoms etc.*), il a été convenu ce qui suit :

Le sieur M...., laisse à bail, à titre de loyer, au sieur G..... preneur et acceptant, pour (*trois, six ou neuf années consécutives,*) au choix respectif des parties, néanmoins après avertissement préalable et mutuel de trois mois, une maison de maître sise à...., et composée de..... (*description*) remise, écurie tant pour chevaux que pour vaches, réduit à porcs, poulailler, maison de vigneron et jardinier, pressoir, colombier, jardins, parcs, vignes ; (*faire séparément la description de chacun de ces objets et de la contenance des terrains*), lesquels maison, bâtiment et dépendance sont en bon état et parfaitement connus du preneur, qui les a visités, ce qu'il déclare.

L'entrée en jouissance aura lieu au...., et le prix du présent bail est fixé à la somme annuelle de...., payable par quart de trois mois en trois mois, dont le premier terme sera à échéance le...., pour ainsi continuer jusqu'à fin, et remboursé au domicile du laisseur ou au porteur de sa quittance. Le preneur s'engage, en outre, à garnir les appartemens de meubles suffisans pour la responsabilité de son loyer, etc., (*comme au modèle du bail d'une maison*).

Le preneur aura le droit de chasse et de faire chasser sur tous les terrains à lui loués, et il fera entretenir les allées d'arbres, vignes, etc., espaliers et contre-espaliers, et sera tenu de faire tondre les arbres en saison convenable, (*transcrire toutes les autres clauses*).

Fait et signé double à..... le..... 18 .

(*Signatures*).

Bail à Cheptel.

Entre les soussignés L.... propriétaire demeurant à..... d'une part ; et J.... (*noms*, *prénoms, qualités et demeure*), d'autre part ; il a été convenu et arrêté ce qui suit :

Le sieur L.... laisse et donne à titre de bail à Cheptel simple, pour trois (*ou six ou neuf*) années consécutives, date de ce jour, au sieur J.... acceptant, le fond dont la désignation suit, savoir :

1°.... Brebis et.... béliers (indiquer le nombre et la marque.)

2° .... Bœufs de labour (le nombre, la couleur du poil et l'âge de chacun.

3°.... vaches laitières et.... taureaux (le nombre, la couleur du poil et l'âge).

4°... chevaux de labour (le nombre, etc., comme dessus).

Lesquels bestiaux appartenant au bailleur, ont d'un commun accord été estimés à la somme de..... et sont reconnus par le preneur être en sa possession pour par lui en jouir pendant le délai de.... années ci-dessus fixé, profiter de leur travail, de tout le laitage et fumier, sous la condition de partager par moitié avec le bailleur les laines et le croît qui en proviendront, pendant la durée du présent, lequel est fait en outre aux charges, clauses et conditions qui suivent :

1° Le preneur nourrira, hébergera à ses frais tous lesdits bestiaux ; il les gouvernera convenablement et leur donnera tous ses soins, afin d'éviter toutes pertes ou dommages.

2° Le troupeau de bêtes à laine sera tondu aux frais du preneur qui ne pourra procéder à cette opération, sans avoir prévenu le bailleur.

3° On ne pourra disposer d'aucune bête du cheptel, ni du fonds, ni du croît, sans le consentement mutuel du preneur et du bailleur. A la fin de chaque année ou quand bon leur semblera, ils pourront exiger, réciproquement, le partage du croît et de la tonde des laines.

4° Si le cheptel périt entièrement, sans qu'on puisse l'imputer à l'incurie du preneur, la perte sera supportée par le bailleur, si la perte n'est que partielle, elle sera commune et basée sur le prix de l'estimation, qui est de.... (*indiquer la somme*), par chaque brebis de...., par chaque bœuf de...., par chaque vache de.... et par chaque cheval de....;

5° Si des pertes arrivent par cas fortuits, elles seront supportées par le preneur, si précédemment il a commis quelques fautes; en tous cas il sera comptable des peaux des bêtes;

6° Si les bêtes périssent sans qu'il y ait faute du preneur, elles seront remplacées par les croîts, le surplus sera partagé par moitié.

7° A la fin du présent bail, le cheptel sera estimé par experts amiablement convenus entre les paties. S'il y a profit, il sera loisible au bailleur de prélever des bêtes de chaque espèce, jusqu'à concurrence de la première estimation; l'excédent partageable par moitié. S'il y a perte, le reste du fonds du bétail appartiendra au bailleur et le preneur remboursera moitié de la perte.

8° Il est interdit au preneur de céder le présent bail.

Fait et signé double, à.... ce.... 18....

(*Signatures*).

Bail d'un Moulin.

Entre les soussignés G.... (*nom, prénoms, qualité et demeure*), propriétaire d'un moulin (*indiquer l'usage, l'endroit, s'il est à vent, à eau, à terre ou sur bateau*), situé à.... et V.... (*nom, prénoms*, etc.), il a été convenu et arrêté ce qui suit :

Le sieur G...... donne à bail à loyer au sieur Y...., lequel accepte, ledit moulin pour l'espace de..... années accomplies, à partir du...... avec garantie du bailleur de tout trouble et empêchement quelconque. Le moulin est garni de ses meules, tournans et de tous ustensiles nécessaires dont l'estimation sera faite par experts amiablement convenus avant l'entrée en jouissance, à charge par le preneur de les rendre en même état à l'expiration du présent, époque à laquelle il sera procédé à une nouvelle estimation. Le bailleur et le preneur seront réciproquement comptables du plus ou du moins de cette estimation.

Le loyer est fixé à la somme de.... remboursable en.... paiemens s'élevant chacun à.... (*désigner les époques*), pour être ainsi continués jusqu'à fin de bail.

Le preneur supportera en outre.... (*établir les clauses, charges et conditions particulières*).

Fait et signé double, à .... ce.... 18..

Clause à insérer dans le bail s'il y a un jardin.

Le jardin, les allées, palissades et bois seront tenus en bon état par le preneur, avec défense de labourer lesdites alleés ; un état et nombre des arbres fruitiers sera dressé par le sieur G..., jardinier, nommé amiablement entre les parties, afin qu'à l'expiration du présent, le preneur rende en nombre égal ceux qui pourraient y manquer, pour quelque cause se soit ; auquel cas il sera tenu de les faire planter et remplacer à ses frais, et en même essence.

Clause de paiement de six mois d'avance.

Le preneur paiera six mois d'avance, imputables sur les derniers six mois de la jouissance, en sorte qu'il ne sera interverti en rien, à l'ordre du paiement ci-dessus fixé.

Permission de faire des changemens.

Il est convenu entre les parties que le preneur pourra faire.... (*indiquer les changemens*), à charge par lui de rendre les lieux dans l'état primitif, à l'effet de quoi il y sera dressé une description faite en double et ce, avant l'entrée en jouissance.

(*On pourrait stipuler*).

Le bailleur pourra néanmoins, si bon lui semble, garder les choses telles qu'elles seront, sans récompense, diminution de loyer ou remboursement quelconque ; le preneur se trouvant alors dégagé de l'obligation de remettre les lieux dans l'état indiqué par la description.

Faculté de résoudre le bail.

Convenu entre les parties qu'après un avertissement réciproque de trois mois (*plus ou moins*), le présent bail sera résolu, pour le temps à expirer, sans qu'il puisse exiger des dommages-intérêts, ni de part ni d'autre, le tout sans préjudice aux loyers qui pourraient être dus.

Résiliation de bail, en cas de vente.

Dans le cas de vente ou échange de la dite maison, moyennant un avertissement de trois mois (*plus ou moins*), le présent bail sera nul et résolu, sans que le preneur puisse prétendre à aucuns dommages intérêts, ni diminution de prix du loyer.

Intervention de caution.

Au présent bail est intervenu le sieur Y... (*nom, prénoms, etc*), lequel s'est constitué caution solidaire et responsable du sieur G... preneur, envers le sieur V... bailleur, tant pour le paiement du loyer que pour l'exécution complète de toute les clauses ci-dessus stipulées, ce qui est accepté et consenti par le bailleur.

Sous-bail d'un principal locataire.

Entre les soussignés V... (*nom, prénoms, etc.*), principal locataire d'une maison située... (*Indiquer le lieu, la rue, le n°*), appartenant au sieur G.... (*nom etc.*), en vertu d'un bail (sous seing-privé ou authentique), passé en date du..... et G..... (*nom, etc.*), Il est convenu et arrêté ce qui suit.

Le sieur V.... sous-loue jusqu'à expiration de son bail échéant le.... au sieur G..., à partir de ce jour, ladite maison, aisances et dépendances (*désigner les lieux*), moyennant le prix de..... payable en quatre termes égaux, de trois mois en trois mois, dont le premier terme échéra le..... pour ainsi être continué jusqu'à fin de bail, avec les charges, clauses et conditions suivantes: le local sera garni par le preneur de meubles suffisans à la responsabilité du loyer; il entretiendra et supportera les réparations locatives, et à la fin du bail il rendra le tout en bon état et conforme à la description qui sera arrêtée amiablement avant l'entrée en jouissance. Dans le cas de grosses réparations, s'il y a nécessité d'en faire, de la part du bailleur, le preneur les supportera sans indemnité aucune, il payera en outre les contributions des portes et fenêtres, et il ne pourra sous-louer sans la permission expresse et par écrit du bailleur.

Fait et signé double à..... le..... 18
(Signatures.)

Ratification du bail par la femme du preneur.

Le preneur   s'oblige de faire ratifier, le présent bail, par la Dame (*nom, prénoms, etc. de la femme*), sa femme, avec obligation solidaire, **et** ce dans le délai de.... (fixer l'époque.)

Ratification par un mari d'un bail passé par sa femme.

(Cet acte se place à la suite des signatures des parties contractantes).

Je soussigné (*nom, prénoms, qualités, demeure du mari*), déclare approuver dans tout son contenu, pour par moi être exécuté solidairement, le susdit bail passé par ma femme sous la date du..... et duquel j'ai pris pleine et entière connaissance.

Fait et ajouté en double à.... ce..... 18...

(*Signatures.*)

Quittance de loyer.

En ma qualité de propriétaire (*ou principal locataire*), j'ai reçu du sieur... (*nom, prénoms, etc*) la somme de..... pour trois, ou six mois de loyer échu le..... d'une maison (*ou ferme*) qu'il tient de moi, en vertu d'un bail passé en date du.... dont quittance dudit loyer, sans préjudice au terme courant.

A..... le..... 18

CHAPITRE XII.

Constitution de rente de pension viagère, rachat, remboursement de rente.

En vertu des articles 1905, 1909 et 1910 du code civil les intérêts peuvent se stipuler pour simple prêt, soit d'argent, soit de denrées ou autres choses mobilières ; c'est alors un simple prêt. Moyennant un capital que le prêteur s'interdit d'exiger, on peut stipuler un intérêt, et dès lors le prêt prend le nom de constitution de rente qui peut être contituée de deux manières, *en perpétuel ou en viager.*

La rente *en perpétuel* est rachetable aux termes de l'article 1911 du Code civil, les parties ont le droit de convenir que le rachat ne sera fait avant un délai qui ne pourra excéder dix années, ou sans avoir averti le créancier au terme d'avance déterminé dans l'acte.

On peut contraindre au rachat le débiteur d'une rente constituée :

1° Si il y a deux ans qu'il n'a pas rempli ses obligations ;

2° S'il ne fournit pas au prêteur les sûretés promises par le contrat.

Les art. 1912, 1913 rendent exigible le capital de la rente constituée, en cas de faillite ou de déconfiture du débiteur.

Comme les autres actions réelles et personnelles, la rente se prescrit par trente ans.

Le créancier ou son ayant-cause peut contraindre le débiteur de lui fournir, à ses frais, un titre nouveau, après vingt huit ans écoulés depuis le dernier titre. (C. C. 2263).

Moyennant une somme d'argent, ou pour une chose mobilière appréciable, ou pour un immeuble, la rente viagère peut être constituée à titre onéreux.

Elle doit être revêtue des formes exigées par la loi, lorsqu'elle est constituée à titre purement gratuit, par donation entre-vifs, ou par testament.

Dans le cas de l'art. précédent, la rente viagère est réductible ; si elle excède la portion disponible (C. C. 1968, 1969, 1970.) Elle peut être constituée sur la tête de celui qui en fournit le prix, ou sur la tête d'un tiers qui n'a aucun droit d'en jouir. On a la faculté de la constituer sur une ou plusieurs têtes, et au profit d'un tiers, quoique le prix soit fourni par une autre personne. Dans ce dernier cas, sauf les cas de réduction et de nullité déterminés par la loi, elle n'est point assujétie aux formes exigées pour les donations, bien qu'elle ait le caractère d'une libéralité. (C. C. 1971, 1972, 1973.)

Le contrat de rente viagère créé sur la tête d'une personne décédée le jour du contrat, est nul et sans effet. La même règle s'applique au contrat qui crée une rente sur la tête d'une personne atteinte de la maladie dont elle est morte dans les vingt jours de la date du contrat. (C. C. 1974, 1975).

La rente viagère peut être constituée au taux qu'il plaît aux parties de fixer. (C. C. 1976).

Si le constituant ne donne pas les sûretés stipulées dans l'acte de constitution de rente viagère, on peut demander la résolution du contrat. (C. C. 1977).

1978. Le seul défaut de paiement des arrérages de la rente n'autorise point celui en faveur de qui elle est constituée à demander le remboursement du capital, ou à rentrer dans le fonds par lui aliéné; il n'a que le droit de saisir et de faire vendre les biens de son débiteur, et de faire ordonner ou consentir, sur le produit de la vente, l'emploi d'une somme suffisante pour le service des arrérages. — C. 1154. 1912.

1979. Le constituant ne peut se libérer du paiement de la rente en offrant de rembourser le capital, et en renonçant à la répétition des arrérages payés. Il est tenu de servir la rente pendant toute la vie de la personne ou des personnes, sur la tête desquelles la rente a été constituée, quelle que soit la durée de la vie de ces personnes, et quelque onéreux qu'ait pu devenir le service de la rente. — C. 2263.

1980. La rente viagère n'est acquise au propriétaire que dans la proportion du nombre de jours qu'il a vécu. — Néanmoins, s'il a été convenu qu'elle serait payée d'avance, le terme qui a du être payé est acquis du jour où le paiement a dû en ère fait — C. 584. 586. 1571..

1981. La rente viagère ne peut être stipulée insaisissable que lorsqu'elle a été constituée à titre gratuit. — C. 1969. s.

1982. La rente viagère ne s'éteint pas par la mort civile du propriétaire: le paiement doit en être constitué pendant sa vie naturelle. — C. 25.

1983. Le propriétaire d'une rente viagère n'en peut demander les arrérages qu'en justifiant de son existence. ou de celle de la personne sur la tête de laquelle elle a été constituée. — C. 25. 617. 2277.

Constitution de rentes.

Entre les soussignés L... (*nom, prénoms, domicile, etc.*) d'une part, et G... (*nom, prénoms, domicile, etc.*) d'autre part, il a été convenu et arrêté ce qui suit :

Le sieur L... reconnaît par les présentes avoir constitué et constitue sur lui, au profit du sieur G..., lequel accepte pour lui, ses héritiers et ayant cause une rente annuelle et perpétuelle de la somme de..... exempte de toute retenue, soit en contributions, impositions publiques qui pourraient exister à ce jour, soit en celles qui seraient établies par la suite.

Ladite rente de..... sera remboursée par le sieur L... andit sieur G..., en son domicile, et s'il échet, à son mandataire ou au porteur de sa quittance, en quatre paiemens égaux et annuels, de trois mois en trois mois, le tout à partir de cejourd'hui. Ainsi le premier paiement aura lieu le...... septembre 18.., le second le....., le troisième le...., le quatrième le..... suivans, pour être ainsi continué de terme en terme.

Pour la garantie et la sûreté du paiement de la rente, principal et arrérages, le sieur L... s'oblige à hypothéquer la généralité de ses biens *consistant en*....., *sis à*....., et qui lui appartiennent en vertu d'un contrat d'acquisition reçu M⁃....., notaire à...., moyennant la somme de...... (*Il faut déclarer si les immeubles sont à ferme, ou loués, ou exploités par le constituant, si les baux sont authentiques ou sous seing-privé.*)

La présente constitution de rente est faite moyennant la somme de......, en écus, que le sieur L... a reçue à l'instant, ce qu'il reconnaît, des mains du sieur G..., et il est en outre convenu entre les parties que le sieur L... pourra opérer le rachat de la rente susdite, en rembourser la somme principale et les intérêts échus, avec un avertissement préalable de...... mois, fait à lui ou à ses héritiers et ayant cause.

Contrat des présentes conventions sera passé devant notaire, dans le délai de trois mois, aux frais du constituant.

Fait et signé double à......, ce...... 18...

(Signatures).

Constitution de rentes avec caution.

Entre les soussignés, etc. (*comme ci-dessus.*)
(*On ajoute au bas de l'acte*)
Et pour sûreté du paiement tant des arrérages de ladite rente que du paiement de la somme de....., formant le capital de ladite constitution, est intervenu le sieur H..., (*nom, prénoms, etc.*), lequel se rend caution du sieur L... envers le sieur G..., s'engageant solidairement avec le sieur L... à payer ladite rente de...... dans les termes stipulés ou au remboursement du capital, en cas de non exécution des versemens fixés aux termes indiqués et convenus.

Fait triple et signé à......, ce...... 18...

(Signatures.)

Constitution d'une rente avec déclaration d'emploi.

Entre les soussignés L... (*nom, prénoms et domicile, etc.*), d'une part, et G... (*nom, etc.*), d'autre part, il a été convenu et arrêté ce qui suit :

Le sieur L... étant dans l'intention d'acheter..... (*désignation de l'immeuble*) s'élevant à une valeur de......, le sieur G... s'ongage et s'oblige à verser entre les mains du vendeur, le jour de la passation du contrat de vente, la somme de..... Cette somme, avec celle de..... que le sieur L... remboursera à la même époque, formera le paiement complet et intégral de la propriété susdite, laquelle restera hypothéquée, spécialement et par privilége, au profit du sieur G..., pour sûreté de son remboursement, en principal et arrérages, déclaration que le sieur L... s'engage à faire dans l'acte d'acquisition.

Moyennant la somme de.... versée par le sieur G..., le sieur L... s'oblige envers lui, ses héritiers ou ayant cause, à payer une rente annuelle et perpétuelle de...... exempte de toute retenue, soit en contributions, impositions publiques qui pourraient exister à ce jour, soit en celles qui seraient établies par la suite. Cette rente sera servie au domicile du sieur G..., et s'il échet, à son mandataire ou porteur de sa quittance, en quatre paiemens égaux et annuels, de trois mois en trois mois, le tout à partir du jour du contrat d'acquisition, pour être continué ainsi de terme en terme. Le sieur L... pourra opérer le rachat de la rente susdite en remboursant le capital et les arrérages, avec un avertissement préalable de trois mois; mais il sera obligé de fournir, de ses deniers, au sieur G..., expédition du contrat, tous frais conservatoires demeurant également à sa charge.

Faute par ledit sieur L... de remplir les présentes

obligations, il sera sur-le-champ contraint au remboursement de la somme à lui avancée.

Fait et signé double à....., ce..... 18...

(Signatures).

AVIS IMPORTANT.

Il résulte du modèle ci-dessus que les fonds ne doivent être versés qu'en présence du notaire, lors de la rédaction du contrat. Ce conseil, dicté par la prudence, a été négligé jusques ici par les auteurs des différens GUIDES EN AFFAIRES. Au surplus, tout dépend du plus ou du moins de confiance que l'on a dans l'emprunteur.

Constitution d'une rente foncière.

Entre les soussignés (*nom, prénoms, domicile, etc.*) a été convenu et arrêté ce qui suit :

Le sieur L... cède et vend en toute propriété au sieur G... une ferme située à......, consistant en (*désignation exacte de l'immeuble*), pour par ce dernier en jouir comme lui appartenant et étant sa propriété, moyennant la somme de....., que ledit sieur G... a versée au sieur L..., en écus comptant, ce que le vendeur reconnaît, en donnant quittance et décharge. Le sieur G... servira en outre au sieur L... une rente annuelle de...... payable en deux termes égaux, de six mois en six mois, à partir de cejourd'hui. Le premier paiement est fixé à....., le second à......, pour ainsi être continué jusqu'au rachat de ladite rente constituée, que le sieur G... pourra effectuer à sa volonté, mais après un avertissement préalable de trois mois, moyennant la somme susdite de......, qui sera exigible en cas de non exécution du service des rentes, un mois après le semestre échu.

Pour garantie du remboursement du capital et

des arrérages, le sieur G... s'engage à hypothéquer tous ses biens présens et à venir, et spécialement la ferme vendue. Contrat des présentes sera passé devant M°....., notaire à....., à la première réquisition du vendeur, le tout aux frais de l'acquéreur.

Fait et signé double à....., le..... 18...

(Signatures).

Titre nouvel d'une rente.

Entré les soussignés B... et H... il a été convenu et arrêté ce qui suit :

Le sieur B... se reconnaît, par les présentes, débiteur envers le sieur H... de la rente de......, payable dans les termes de... et rachetable moyennant le capital de......, le tout comme il est stipulé, en l'acte notarié en date du......., reçu M°..., notaire à...., (ou par acte sous seing-privé en date du.....) promettant et s'engageant ledit sieur B... à continuer le service de ladite rente, ou à effectuer le remboursement du capital, selon les clauses contenues en l'acte précité, sans dérogation aucune, le présent n'étant fait que pour interrompre la prescription. Le sieur H..., de son côté, reconnaissant que le sieur B... lui a bien et fidèlement servi ses rentes jusqu'à ce jour, lui en donne quittance et décharge, sanspréjudice.

Fait et signé double à......, le..... 18...

(Signatures).

Quittance de rachat d'une rente constituée.

Je soussigné (nom, prénoms, demeure) reconnais avoir reçu du sieur B... (nom, prénoms, demeure) la somme de...... (en toutes lettres) formant le capital de la rente par lui constituée à mon profit, en vertu d'un contrat reçu M°....., notaire à....., en date du...... (ou en vertu d'un acte sous seing-privé en date du.....) et au moyen de ce remboursement et de celui de tous arrérages, je déclare lui donner quittance pleine et entière et pour solde.

A......, ce...... 18...

(*Signature*).

Constitution d'une rente viagère.

Entre les soussignés, etc.

il a été convenu et arrêté ce qui suit :

Au moyen d'une somme de...... versée à l'instant même par le sieur G... entre les mains du sieur B... qui le reconnaît et en donne quittance, ce dernier s'engage à payer annuellement au sieur B..... une rente viagère de la somme de...... en quatre termes égaux, de trois mois en trois mois, lesquels courront d'aujourd'hui.

Le premier terme sera échu le....., le deuxième le....., le troisième le....., et enfin le quatrième le......, pour ainsi être continué jusqu'au décès dudit sieur G...

Le présent acte sera renouvelé pardevant M*..., notaire à..., à la première réquisition du sieur G... et aux frais du sieur B..., qui s'engage en outre à donner en hypothèque tous ses biens présens et à venir; ceux présens consistent en une maison sise à....., etc. (*Faire la désignation*).

Fait et signé double à....., le..... 18...

(*Signatures*).

Constitution d'une pension viagère.

Entre les soussignés, etc.

il a été convenu et arrêté ce qui suit :

Le sieur B... voulant reconnaître tous les services que lui a rendus le sieur H...; désirant en outre lui laisser un souvenir d'affection, déclare par le présent lui laisser, à titre de libéralité, une pension viagère de la somme de......, qu'il touchera en trois termes égaux, dont le premier écherra le....., le second le..... et le troisième le....., pour être ainsi continué jusqu'à son décès. Cette pension ne pourra, en aucun cas, être cédée ni transportée, se réservant, ledit sieur B..., le droit, non-seulement à lui, mais encore à ses héritiers, de la racheter moyennant la somme de..... Le sieur H... déclare accepter ces conditions, sans lesquelles la pension viagère n'eût pas été constituée.

Fait et signé double à....., ce..... 18...

(Signatures.)

Quittance d'un terme.

J'ai reçu du sieur B... la somme de..... formant la première échéance de la pension viagère qu'il a constituée à mon profit par acte authentique en date (ou par acte sous seing-privé en date du..., dont quittance, sans préjudice.

A....., ce..... 18...

(Signature)

CHAP. XIII. — Des Sociétés.

C. C. 1832. La société est un contrat par lequel deux ou plusieurs personnes conviennent de mettre quelque chose en commun dans la vue de partager le bénéfice qui pourra en résulter.

1833. Toute société doit avoir un objet licite, et être contractée pour l'intérêt commun des parties. — Chaque associé doit y apporter ou de l'argent, ou d'autres biens, ou son industrie.

1834. Toutes sociétés doivent être rédigées par écrit, lorsque leur objet est d'une valeur de plus de cent cinquante francs. — La preuve testimoniale n'est point admise contre et outre le contenu en l'acte de société, ni sur ce qui serait allégué avoir été dit avant, lors et depuis cet acte, encore qu'il s'agisse d'une somme ou valeur moindre de cent cinquante francs.

La loi seconnaît trois espèces de sociétés commerciales.

1° La société en nom collectif; 2° en commandite; 3° anonyme.

La société en nom collectif est celle que contractent deux personnes ou un plus grand nombre, et qui a pour objet de faire le commerce sous une raison sociale.

C. Com. 21. Les noms des associés peuvent seuls faire partie de la raison sociale.

22. Les associés en nom collectif indiqués dans l'acte de société sont solidaires pour tous les engagemens de la société, encore qu'un seul des associés ait signé, pourvu que ce soit sous la raison sociale.

23. La *société en commandite* se contracte entre un ou plusieurs associés responsables et solidaires, et un ou plusieurs associés simples bailleurs de fonds, et que l'on nomme *commanditaires* ou *associés en commandite*. — Elle est régie sous un nom social qui doit être nécessairement celui d'un ou plusieurs des associés responsables et solidaires.

24. Lorsqu'il y a plusieurs associés solidaires et en nom, soit que tous gèrent ensemble, soit qu'un ou plusieurs gèrent pour tous, la société est à la fois société en nom collectif à leur égard, et société en commandite à l'égard des simples bailleurs de fonds.

25. Le nom d'un associé commanditaire ne peut faire partie de la raison sociale.

26. L'associé commanditaire n'est passible des pertes que jusqu'à concurrence des fonds qu'il a mis ou dû mettre dans la société.

27. L'associé commanditaire ne peut faire aucun acte de gestion, ni être employé pour les affaires de la société, même en vertu de procuration.

28. En cas de contravention à la prohibition mentionnée dans l'article précédent, l'associé commanditaire est obligé solidairement avec les associés en nom collectif pour toutes les dettes et engagemens de la société.

29. La *société anonyme* n'existe point sous un nom social; elle n'est désignée par le nom d'aucun des associés.

3o. Elle est qualifiée par la désignation de l'objet de son entreprise.

31. Elle est administrée par des mandataires à temps, révocables, associés ou non associés, salariés ou gratuits.

42. L'extrait des actes de société en nom collectif et en commandite doit être remis, dans la quinzaine de leur date, au greffe du tribunal de commerce de l'arrondissement dans lequel est établie la maison du commerce social pour être transcrit sur le registre, et affiché pendant trois mois dans la salle des audiences.

Ces formalités soront observées, à peine de nullité à l'égard des intéressés; mais le défaut d'aucune d'elles ne pourra être opposées à des tiers par des associés.

La société finit par l'expiration du temps pour lequel elle a été contractée, par l'extinction de la chose, ou la consommation de sa négociation; par la mort naturelle de l'un des associés; par la mort civile, l'interdiction ou la déconfiture de l'un d'eux.

Toutes contestations entre associés et pour raison de société, doivent être jugées par arbitres. (51).

Société pour acheter ensemble des marchandises et les partager sur-le-champ.

Entre les soussignés B... et G..., etc.
il a été convenu et arrêté ce qui suit :

Les sieurs B... et G... sont tombés d'accord pour se livrer par moitié à l'acquisition de..... (*désigner la nature, la quantité des marchandises*) moyennant le prix de....., payable par portion égale de la part des acquéreurs. Le partage desdites marchandises s'effectuera sur-le-champ, pour par chacun des associés en jouir personnellement et comme bon lui semblera. Le partage étant fait, accepté amiablement ou dévolu par lots tirés au sort, aucune répétition ne pourra être exercée réciproquement, sous le prétexte de valeur plus ou moins forte.

Fait et signé double à....., ce..... 18...

(Signatures.)

Acquisition, en société, de marchandises, pour les revendre, dans un temps déterminé, à perte ou à gain.

Entre les soussignés B... et G..., etc.,
il a été convenu et arrêté ce qui suit :

Les sieurs B... et G... se mettent en société pour l'acquisition de..... (*désigner les objets ou marchandises*). Chacun fournira par moitié la somme suffisante à l'achat. La revente sera faite en présence des associés qui supporteront par portion égale les frais qu'elle occasionnera, de même qu'ils partageront les bénéfices ou la perte. Tous déboursés dûment justifiés seront prélevés avant partage et remis à celui qui en aurait fait les avances.

Fait et signé double à....., le..... 18...

(Signatures.)

...te de société entre deux ou un plus grand nombre de négocians.

Entre les soussignés, etc.,
les conventions suivantes ont été arrêtées :

Art. 1. Une société collective est établie entre les contractans sous les conditions qui vont être indiquées.

Art. 2. La société sera établie sous la raison V... et P..., ou sous la raison V... et C°. Elle commencera le....., durera pendant..... années, et finira, par conséquent, le......

Art. 3. La mise de fonds de chaque associé est fixée à une somme de....., qu'il est tenu d'acquitter en écus ou en bonnes valeurs, acceptées *par son co-associé (ou ses co-associés)*, dans le délai de...

Art. 4. Les trois quarts des fonds fournis par les associés seront employés en acquisition de marchandises et objets de fabrication ; le dernier quart devant servir de fonds de réserve et rester en caisse.

Art. 5. Les achats et paiemens de marchandises seront à la charge du sieur V..., il fera les ventes et recettes ; le sieur P..., tiendra la caisse et les livres, et les effets *dits sur place ou d'emprunt* seront signés par les co-associés.

Art. 6. Chaque mois les associés prélèveront sur les bénéfices de la société la somme de....., défalcation faite de tous frais quelconques, et du quart de ces bénéfices qui devra toujours rester à la caisse de réserve.

Art. 7. Il sera fait inventaire tous les ans, au mois de....., et si la seconde année les réserves ci-dessus mentionnées sont inutiles au commerce, parce que celles de l'année précédente seraient suffisantes, on partagera alors intégralement les bénéfices courans.

Art. 8. En cas de décès de l'un des associés, il sera loisible à la société de rembourser à qui de droit la mise de fonds du défunt, sa part dans les bénéfices, et si la maison de commerce avait pris un accroissement considérable par une clientelle bien reconnue, de faire décider par des arbitres, nommés amiablement, sinon par justice, l'indemnité due aux ayant cause.

Art. 9. A la dissolution de la société, le sieur... sera chargé de la liquidation; compte exact sera fait par lui *à son ou à ses* co—associés, le tout *sans indemnité ou avec l'indemnité* de.....

Art. 10 et dernier. Toute contestation sera jugée par des arbitres nommés amiablement ou par le tribunal de commerce.

Fait double ou triple ou quadruple, etc., et signé à....., ce..... 18...

(Signatures).

Extrait d'un acte de société, destiné à être inscrit et affiché au tribunal de commerce, ou au tribunal civil, dans les villes où il n'y a pas de tribunal de commerce.

D'un acte sous seing privé fait en (double ou triple, etc.) sous la date du....., il résulte que les sieurs V... (*nom, prénoms, etc.*) et P... (*nom, prénoms, etc.*), ont formé une société en nom collectif sous la raison de..... (*désigner le genre de commerce*); que les fonds sociaux forment un capital de.....; que le sieur V... est chargé de la tenue des livres, de la vente, de l'administration, etc.; que les effets sur place ou d'emprunt seront signés par les associés, tous autres destinés aux achats, aux remboursemens devant l'être par le sieur V..., seul. Le sieur P... sera chargé de..... La durée de la société est fixée à..... années, qui commenceront le..... et finiront le.....

Ledit extrait certifié conforme à l'acte original par nous associés ci-dessus dénommés et soussignés.

A....., le..... 18...

(Signatures).

Société en commandite.

Entre les soussignés P... (nom, prénoms, domicile, etc.), d'une part ; V... (nom, prénoms, domicile, etc.) ; H... nom, prénoms, domicile, etc.), et D... (nom, prénoms, domicile, etc.), il a été arrêté et convenu ce qui suit :

Art. 1. Une société en commandite pour le commerce de..... est établie entre les soussignés.

Art. 2. La durée de la société est de..... années consécutives, à partir de ce jour.

Art. 3. Le capital de ladite société sera de..., dont... sera fourni par P..., en marchandises du commerce de..., pour lequel ladite société est formée, et pareillement fourni en marchandises du commerce de... par V..., et... en espèces et effets de commerce fournis par H... et D..., associés commanditaires.

Art. 4. Les marchandises de V... seront réunies à celles de P..., dans la maison qu'il occupe, et où il fait le commerce de... rue..., et les sommes de... fournies par H... et D... seront remises à V... pour être employées en acquisitions de nouvelles marchandises.

Art. 5. Ladite société existera sous la raison de P... et V..., qui administreront en commun ladite société.

Art. 6. Il sera payé par la société à P... la somme de..., chaque année, pour le loyer des bâtimens, magasins à l'usage du commerce de la société, et la nourriture du commis employé par la société ; cette somme lui sera payée en quatre paiemens égaux, de trois mois en trois mois.

Art. 7. Tous les trois mois il sera fait état de situation de ladite société, et la moitié des bénéfices sera prélevée, pour être partagée entre les quatre associés, et l'autre moitié restera en caisse, pour être employée en marchandises.

Art. 8. Tous les ans il sera fait inventaire général.

Art. 9. S'il arrive des pertes dans ladite société, elles seront supportées par tous les associés ; mais les sieurs H... et D..., à titre d'associés commanditaires, ne seront pas tenus des dettes de la société au-delà de leur mise de fonds.

Art. 10. En cas de décès de l'un des associés P... ou V..., la société sera dissoute, et il sera procédé à la liquidation des comptes et au partage, mais si c'est l'un des associés commanditaires H... ou D..., qui décède pendant le cours de ladite société, elle continuera jusqu'à l'expiration du temps fixé, et la part des bénéfices devant revenir au décédé, sera remise à ses héritiers.

Art. 11. A l'expiration de la société, il sera fait état de situation et inventaire général, et les marchandises, capitaux et effets de commerce appartenant à la société seront partagés entre les associés.

Art. 12. La liquidation sera faite par P... qui en rendra compte aux autres associés.

Art. 13. S'il s'élève, pendant le cours de la société, quelques contestations entre les associés, elles seront soumises à des arbitres, que les parties se choisiront elles-mêmes, ou qui seront nommés d'office par le tribunal de commerce.

Fait et signé double à..., ce... 18...

(Signatures).

*Extrait d'un acte de société en commandite, destiné
à être inscrit et affiché au tribunal de commerce,
ou au tribunal civil, dans les villes où il n'y a
pas de tribunal de commerce.*

Par acte fait double, ou triple, ou quadruple
sous seing-privé, enregistré le... au bureau de..,
le... entre les sieurs P... et V..., et les sieurs... qui
ne doivent pas être nommés, il appert que lesdits
sieurs P... et V..., tous deux associés solidaires, ont
formé, avec deux autres personnes, une société en
commandite, sous la raison de... pour le commerce
de... ; que le capital de ladite société est de... ;
que ladite société est administrée par V...; qu'elle
est établie pour... ans, qui commenceront, ou qui
ont commencé le... et finiront le...

Le présent extrait certifié véritable et conforme
à l'acte original, par nous associés soussignés.

A... ce... 18...,

(Signatures).

Renonciation à une société.

Entre nous P..., associé avec les ci-après nommés,
pour le commerce de..., par acte sous seing-privé,
en date du... d'une part ;

Et V..., H..., D..., associés, d'autre part ;

A été convenu de ce qui suit, savoir :

Moi, P..., du consentement de tous les susdits
associés, renonce à la société qui existe entre nous,
et me désiste de l'effet et exécution dudit acte de
société, et consent n'y avoir plus de part en aucune
manière.

Au moyen de laquelle renonciation, il est arrêté,
entre nous, que lesdits sieurs V..., H..., D..., fe-
ront à moi P..., raison de la somme de... pour me

tenir lieu de toute indemnité de ma mise de fonds et des bénéfices de la société, sans que je puisse rien réclamer en plus.

Il est encore arrêté que lesdits sieurs V..., H..., D..., associés restans, au moyen de la somme de... à laquelle je me restreins, pour tous mes droits et prétentions dans ladite société, me garantissent la décharge de toutes dettes généralement quelconques, passées, présentes et à venir, relativement à ladite société, et qu'eux seuls en seront passibles.

Fait et signé double entre moi P..., et V..., agissant au nom de ladite société, et ayant la signature, pour tous actes quelconques.

A..., ce... 18...

(*Signatures.*)

Résolution volontaire d'une société.

Entre nous P..., V..., H..., D..., associés par acte sous seing-privé, en date du..., pour le commerce de... qui s'exerce en la maison sociale, sise à..., rue de...

A été convenu que la société qui existe entre nous susnommés, sous la raison sociale de P...... *et compagnie*, conformément à l'acte de société sus-relaté, est, à partir de ce jour, de notre mutuel et libre consentement, résolue, et au moyen de ce que nous nous sommes respectivement fait raison de tout ce que nous pouvons nous devoir l'un à l'autre, pour cause de ladite société, nous nous tenons l'un l'autre particulièrement et généralement quittes.

Fait et signé quadruple à... ce... 18...

(*Signatures*).

Continuation de société.

Entre nous soussignés, etc.,
il a été connenu et arrêté ce qui suit :

La société établie entre les soussignés sous la date du..., en vertu d'un acte sous seing-privé, pour se livrer au commerce de..., laquelle doit expirer le..., existera et sera continuée entre nous pour le temps de... années consécutives, qui finiront le..., le tout sous les mêmes clauses et conditions stipulées en l'acte susmentionné. (*Annoncer les changemens*).

Fait et signé double ou triple à..., ce... 18...

(*Signatures*).

Actes commerciaux.—Observation générale.

Tout billet doit contenir *en toutes lettres* la somme stipulée, et s'il n'a pas été écrit en entier par le souscripteur, il faut que celui-ci écrive de sa main : « *J'approuve le billet dans tout son con-* « *tenu.* »

La lettre de change est un écrit en vertu duquel un des contractans s'oblige de faire payer une somme à un autre, par un tiers, ou à la personne qui aura son ordre dans un endroit éloigné.

De la Lettre de change.

C. Com. 110. La lettre de change est tirée d'un lieu sur un autre. — Elle est datée. — Elle énonce la somme à payer ; le nom de celui qui doit payer ; l'époque et le lieu où le paiement doit s'effectuer ; la valeur fournie en espèces, en marchandises, en compte, ou de toute autre manière. — Elle est à l'ordre d'un tiers, ou à l'ordre du tireur lui-même. — Si elle est par 1, 2, 3, 4, etc., elle l'exprime.

111. Une lettre de change peut être tirée sur un individu, et payable au domicile d'un tiers. — Elle peut être tirée par ordre et pour le compte d'un tiers.

112. Sont réputées simples promesses toutes lettres de change contenant supposition soit de nom, soit de qualité, soit de domicile, soit des lieux d'où elles *sont* tirées ou dans lesquels elles *sont* payables.

113. La signature des femmes et des filles non négociantes ou marchandes publiques sur lettres de change ne vaut, à leur égard, que comme simple promesse.

114. Les lettres de change souscrites par des mineurs non négocians sont nulles à leur égard, sauf les droits respectifs des parties, conformément à l'art. 1312 du Code civil.

Continuation des actes commerciaux.

C. Civ. 1312. Lorsque les mineurs, les interdits ou les femmes mariées sont admis, en ces qualités, à se faire restituer contre leurs engagemens, le remboursement de ce qui aurait été, en conséquence de ces engagemens payés pendant la minorité, l'interdiction ou le mariage, ne peut être exigé, à moins qu'il ne soit prouvé que ce qui a été payé a tourné à leur profit.

De l'échéance.

C. Com. 129. Une lettre de change peut être tirée à vue.

à un ou plusieurs jours	
à un ou plusieurs mois	} de vue ;
à une ou plusieurs usances	
à un ou plusieurs jours	
à un ou plusieurs mois	} de date ;
à une ou plusieurs usances	

à un jour fixe ou à jour déterminé, en foire.

130. La lettre de change à vue est payable à sa présentation.

131. L'échéance d'une lettre de change

à un ou plusieurs jours
à un ou plusieurs mois   } de vue
à une ou plusieurs usances }

est fixée par la date de l'acceptation ou par celle du protêt faute d'acceptation.

132. L'usance est de trente jours qui courent du lendemain de la date de la lettre de change.—Les mois sont tels qu'ils sont fixés par le calendrier grégorien.

133. Une lettre de change payable en foire est échue la veille du jour fixé pour la clôture de la foire, ou le jour de la foire si elle ne dure qu'un jour.

134. Si l'échéance d'une lettre de change est à un jour férié légal, elle est payable la veille.

FORMULES DE LA LETTRE DE CHANGE.

Lettre de change à jour fixe, payable à l'ordre du tireur.

Nancy, le...   B. p. » fr. » c.

Au... prochain, veuillez payer par cette première de change (ou par cette seconde, ou troisième, etc.) au sieur G... ou à son ordre, la somme de..., valeur reçue comptant en écus (ou marchandises, ou pour solde de compte, etc.) que vous passerez en compte, suivant l'avis de votre serviteur.

(Signature).

A Monsieur
Monsieur... banquier à Toulon.

6.

Lettre de change à l'ordre du tireur.

Nancy, le...   B. p. » fr. » c.

Au... il vous plaira payer par cette seule de change, à mon ordre, la somme de..., valeur reçue de lui en argent et que vous passerez en compte, sans nouvel avis de votre serviteur.

(*Signature.*)

A Monsieur

Monsieur...

Endossement.

Payez pour moi à l'ordre du sieur G..., valeur reçue comptant (ou en marchandises).

A..., ce... 18...

(*Signature*).

Lettre tirée sur une personne et payable par celle-ci au domicile d'un tiers, mais moyennant acceptation.

Nancy, le... 18...   B. p. » fr. » c.

Au... prochain, il vous plaira payer par cette seule de change à l'ordre du sieur... la somme de..., valeur que vous me devez en marchandises à vous vendues et livrées, suivant facture du... et pour solde, sans autre avis de votre serviteur.

(*Signature*).

A Monsieur

Monsieur..., négociant, à Lyon.

Acceptation.

J'accepte payer la somme de... (*en toutes lettres*), au domicile du sieur L..., à..., rue..., n°...

A..., ce... 18...

(*Signature*)

Du Billet à ordre.

C. Com. 187. Toutes les dispositions relatives aux lettres de change, et concernant l'échéance, l'endossement, la solidarité, l'aval, le paiement, le paiement par intervention, le protêt, les devoirs et droits du porteur, le rechange ou les intérêts, sont applicables aux billets à ordre, sans préjudice des dispositions relatives aux cas prévus par les articles 636, 637 et 638.

188. Le billet à ordre est daté. — Il énonce la somme à payer, le nom de celui à l'ordre de qui il est souscrit, l'époque à laquelle le paiement doit s'effectuer, la valeur qui a été fournie en espèces, en marchandises, en compte, ou de toute autre manière.

Billet à ordre.

B. p. » f. » e.

Au... prochain je paierai à l'ordre du sieur... la somme de... (*en toutes lettres*) valeur reçue comptant en écus.

Nancy, le... 18...

(*Signature.*)

Endossement.

Payez à l'ordre du sieur... valeur reçue comptant, ou marchandises, etc.

(*Signature*).

Billet à ordre confié à un courtier de commerce ou agent de change, pour obtenir des fonds.

(Comme on le verra ci-dessous, ce billet doit être, non-seulement signé par l'emprunteur, mais il faut qu'il soit encore endossé par lui).

B. p. » fr. » c.

A l'ordre du sieur..., je paierai la somme de...,
valeur en moi-même et valeur reçue comptant
en écus.

Nancy, le... 18...

(*Signature.*)

Endossement.

Payez à l'ordre du sieur..., valeur reçue comptant en écus.

Nancy, le... 18...

(*Signature.*)

Billet payable lors d'une foire.

B. p. » fr. » c.

A la foire de... prochain, je paierai à l'ordre du
sieur... la somme de..., valeur reçue *en écus ou
marchandises.*

A Nancy, le... 18...

(*Signature.*)

Billet fait conjointement entre deux époux.

B. p. » fr. » c.

Au... prochain, nous soussignés (*nom et prénoms
du mari*) et... (*nom et prénoms de la femme*), celle-
ci dûment autorisée par moi à cet effet, nous paie-
rons solidairement à l'ordre du sieur... la somme
de..., valeur reçue comptant en écus, remboursable
en notre domicile sis à..., rue..., n°...

Nancy, le... 18...

(*Signatures.*)

Nota. Sans l'autorisation du mari, et si la clause
n'était pas stipulée dans le billet par ces mots :

dûment autorisée de moi à cet effet, le billet serait nul à l'égard de la femme, à moins qu'elle ne soit séparée de biens ou autorisée en justice.

De la solidarité.

C. Comm. 140. Tous ceux qui ont signé, accepté ou endossé une lettre de change sont tenus à la garantie solidaire envers le porteur.

De l'aval.

141. Le paiement d'une lettre de change, indépendamment de l'acceptation et de l'endossement, peut être garanti par un aval.

142. Cette garantie est fournie par un tiers sur la lettre même ou par acte séparé. — Le donneur d'aval est tenu solidairement et par les mêmes voies que les tireurs et endosseurs, sauf les conventions différentes des parties.

Formule de l'aval.

Je soussigné m'engage et m'oblige à payer la somme de... au contenu du billet ci-dessus, souscrit par le sieur..., si celui-ci ne l'acquitte pas à son échéance.

A..., le... 18...

(*Signature.*)

Si le billet est endossé par plusieurs, on peut mettre l'engagement d'aval pour l'un d'eux seulement.

On mettrait alors : Bon pour aval du sieur..., l'un des endosseurs.

A..., le... 18.,.

(*Signature.*)

De l'Endossement.

C. C. 136. La propriété d'une lettre de change se transmet par la voie de l'endossement.

137. L'endossement est daté.—Il exprime la valeur fournie.—Il énonce le nom de celui à l'ordre de qui il est passé.

138. Si l'endossement n'est pas conforme aux dispositions de l'article précédent, il n'opère pas le transport ; il n'est qu'une procuration.

139. Il est défendu d'antidater les ordres à peine de faux.

Endossement.

Passé à l'ordre du sieur..., valeur reçue en écus, ou en marchandises.

A..., le... 18...

(*Signature.*)

Acquittement d'un Billet.

Il suffit de mettre : Pour acquit et signer.

Lorsqu'on paie un billet, il est prudent de bâtonner ou biffer la signature.

De la Prescription pour les effets de commerce.
(Voyez page 35).

Lettre de Voiture.

Nancy, le... 18...

Sous la protection des lois et par l'entremise de M...., il vous plaira recevoir.... colis...., le tout marqué et numéroté comme en marge, pesant brut..., qu'ayant reçu bien et dûment conditionné dans... jours, sous peine de perdre le tiers du prix de sa voiture, vous lui paierez à raison de... le cent kilo., et lui rembourserez soixante et quinze centimes pour timbre.

A M...

CHAPITRE XV.

De l'Abornement amiable.

L'arpenteur géomètre, chargé d'un abornement amiable, agira prudemment en faisant contracter préalablement entre les parties un compromis dont le but utile est de prévenir toutes discussions.

En vertu de l'article 1005 du code de Procédure civile, ce compromis peut être fait par procès-verbal devant l'arpenteur choisi, ou par acte devant notaire, ou sous signature privée ; il désignera les objets en litige et le nom de l'arpenteur, à peine de nullité, et celui-ci ne pourra le recevoir qu'autant que toutes les parties sauront signer.

Aux termes de l'article 1325 du C. C. applicable au compromis sous seing-privé, celui-ci n'est valable qu'autant qu'il a été fait en autant d'originaux qu'il y a des parties ayant un intérêt distinct.—Il suffit d'un original pour toutes les personnes ayant le même intérêt. — Chaque original doit contenir la mention du nombre des originaux qui en ont été faits. — Néanmoins le défaut de la mention que les originaux ont été faits doubles, triples, etc., ne peut être opposé par celui qui a exécuté de sa part la convention portée dans l'acte. C. C. 1102, 1110, 1318, 1322.

L'arpenteur géomètre ne pourra être révoqué sans le consentement unanime de toutes les parties. (Argument de l'art. 1007 du C. p. c.)

Compromis pour un abornement amiable.

Les soussignés (*noms, prénoms et domicile*). Lesdits soussignés voulant opérer entre eux l'arpentage et l'abornement contradictoires, et cependant amiable des biens qu'ils possèdent sur le territoire de..., commune de..., canton de..., limités au nord par..., au midi par..., à l'est par... et à l'ouest par..., ont arrêté et convenu ce qui suit :

Art. 1. L'opération dont s'agit sera faite sur les titres (ou anciennes déclarations) des contractans, qui s'engagent à les remettre, chacun en ce qui les concerne, dans le délai de..., entre les mains de l'arpenteur géomètre ci-après nommé.

Art. 2. Il est convenu entre les soussignés qu'ils se restitueront réciproquement toutes les portions de terrain qui seraient en excédant dans leurs pièces de terre, et en déficit dans celles de leurs voisins, et ce; immédiatement après que cet excédant et ce déficit auront été déterminés et arrêtés par l'arpenteur. Les bornes qui existeraient jusqu'à présent ne pourront servir d'obstacle aux restitutions, mais la disposition des lieux sera toujours prise en considération pour les restitutions.

Art. 3. Si, sur la masse des terrains dépendant de la même culture, il se trouvait une quantité moindre que celle indiquée par les titres pour compléter la masse générale, le déficit sera supporté par chacun des intéressés, en proportion de l'étendue des terrains dont ils sont propriétaires, d'après leurs titres réguliers; s'il y a excédant, les ayant-droit en profiteront dans la même proportion. Les soussignés conviennent de ne se régler que sur des titres légaux, sans néanmoins que le porteur de ces titres puisse élever des prétentions à des droits plus étendus que ceux au profit de leur auteur ou des anciens titres de ces derniers.

Art. 4. Si un ou plusieurs propriétaires riverains refusaient leur concours à l'opération, les soussignés déclarent consentir à ce qu'il soit fait aux opposans, toutes sommations et poursuites utiles à leur requête; les frais qui en résulteront, ainsi que tous ceux occasionnés pour parvenir au présent abornement amiable devant être supportés en commun et proportionnellement à la quantité des terrains qu'ils possèdent sur le canton ci-dessus indiqué.

Art. 5. S'il s'élevait quelques difficultés sur l'application des titres et le mode de l'opération, les difficultés seront soumises dès aujourd'hui à l'appréciation et à l'arbitrage du sieur... (*nom, prénoms et domicile*) chargé de cette mission ; sa décision devant être en dernier ressort, renonçant, de la part des contractans, à toute faculté d'appel ou pourvoi en cassation.

Art. 6. Les opérations d'arpentage sont confiées et seront faites par le sieur..., arpenteur géomètre demeurant à...

Art. 7. Les bornes seront fournies par chaque propriétaire, toujours dans la proportion de la contenance des terrains ; elles seront plantées par l'arpenteur aux endroits convenables, et il dressera un procès-verbal de ses opérations, avec analyse raisonnée des titres de propriété des co-intéressés.

Art. 8. Le procès-verbal sera signé par tous les ayant-droit, ou approuvé par acte notarié par ceux qui ne sauraient pas signer. Les indicateurs ou anciens de la commune signeront aussi le procès-verbal ; le maire légalisera les signatures.

Art. 9. Les honoraires de l'arpenteur sont fixés à la somme de..., convenue entre les propriétaires et lui.

Fait à..., le... 18..., en... originaux.

(*Signatures.*)

Pouvoir pour procéder à un abornement.

Je soussigné... (*nom, prénoms, domicile, etc.*) donne pouvoir au sieur..., de pour moi et en mon nom, se présenter à l'abornement qui doit être fait par le sieur S..., arpenteur géomètre demeurant à..., des propriétés contigues à celles qui m'appartiennent sur le territoire de..., déclarant consentir et accepter toutes restitutions de terrains, placement ou déplacement de bornes, et les reconnaître pour définitives ; l'autorisant à représenter tous mes titres et pièces, les faire valoir, faire pendant les opérations tous dires, réquisitions, réserves et protestations, signer les procès-verbaux d'abornement et autres qui seraient dressés par l'arpenteur, enfin de faire tout ce qu'il jugera utile et nécessaire dans mes intérêts, promettant ma ratification et l'avouer.

Fait à..., le... 18...

Bon pour pouvoir.

(*Signature.*)

PROCÈS-VERBAUX D'ABORNEMENT AMIABLE.

Procès-verbal de l'abornement d'une pièce de terre, à la requête d'un propriétaire.

Le... etc. (*le quantième du mois et l'année en toutes lettres.*)

A la requête et en présence du sieur..., propriétaire, demeurant à...

Le soussigné..., géomètre arpenteur, etc...

S'est transporté sur le territoire de la commune de..., canton du lieu dit...., sur une pièce de terre appartenant au requérant, tenant d'un lez vers l'est au sieur..., l'ouest au sieur... et des deux bouts au sieur..., pour en faire le mesurage, la délimitation et l'abornement, contradictoirement avec les propriétaires voisins convoqués à cet effet, conformément à l'art. 646 du Code civil.

Arrivés sur les lieux contentieux où se sont présentés volontairement

1.° Le sieur, etc... (*nom, prénoms, qualités et demeure.*)

2° Le sieur, etc...   *idem.*

3.° Et le sieur etc...   *idem.*

Seuls propriétaires des pièces de terre limitrophes à celle du requérant, et intervenus pour concourir à l'abornement dont il s'agit et le contredire s'il y a lieu.

Le géomètre soussigné, après avoir examiné les lieux et procédé au mesurage des pièces de terre appartenant aux sieurs..., leur a donné connaissance du résultat de son opération, immédiatement après; ceux-ci lui ont remis leurs titres de propriété; lecture en a été faite aux parties; ensuite la contenance trouvée à chaque pièce a été constatée et les titres analysés de la manière suivante :

Territoire de..., lieu dit à....

Art. 1. Le sieur..., trente-sept ares soixante centiares de terre faisant le n°... du plan cadastral parcellaire de la section...

Cette pièce appartient au sieur... pour... ares ... centiares, aux termes de l'acquisition qu'il en a faite du sieur..., etc., suivant acte passé devant M^e..., notaire à..., en date du...

Déficit, ... centiares, etc.

Art. 2. Le sieur..., ... ares ... centiares, formant le n°... du plan cadastral parcellaire de la section...

Cette pièce appartient au sieur... de la manière suivante :

1° Jusqu'à concurrence de ... ares ... centiares, en sa qualité d'héritier pour un quart du sieur... et de..., ses père et mère, décédés à..., l'attribution lui en a été faite sous l'article du 3e lot de partage desdites successions, passé devant M^e..., notaire à..., le...

2° Et pour ... ares ... centiares, comme l'ayant acquise du sieur..., demeurant à..., suivant acte devant ledit notaire, reçu le...

Réunissant la contenance des titres, la pièce dont il s'agit doit contenir ... ares ... centiares.

De sorte qu'il existe un excédant de ... ares ... centiares.

Art. 3. Le sieur..., ... ares ... centiares de terre faisant le n°... du plan cadastral parcellaire de la section...

Cette pièce appartient au sieur... pour ... ares ... centiares, etc. (*Enoncer l'origine de la propriété.*)

Il y a donc excédant de ... centiares.

De ce que dessus, il résulte que la contenance totale des pièces mesurées est de ... hectares ... ares ... centiares, ci................ » h. » a. » c.

Et celle d'après les titres produits, de ... hect. ... ares ... cent., ci... »   »   »

De sorte qu'il y a un déficit sur le tout dé ... centiares, ci......... »   »   »

Réglement et abornement.

Le travail parvenu à ce point a été communiqué aux parties, qui, après quelques explications entre elles au sujet des excédans et du déficit ci-devant constatés, ont arrêté que le sieur... supporterait seul le déficit de ... centiares, sauf son recours contre qui il appartiendrait pour en opérer le recouvrement.

Cela posé, le géomètre soussigné a exercé les reprises des excédans en faveur du sieur... et la délimitation opérée, les pièces susdésignées ont été, du consentement des parties, abornées définitivement; savoir :

Le n° 1 au sieur..., pour ... ares ... centiares, ci.....................................» a. » c.

Le n° 2 au sieur... pour ... ares centiares, ci..............................

Et le n° 3 au sieur... pour ... ares ... centiares, ci......................» » »

Quantité semblable à celle de l'arpentage, ci......................» »

L'abornement effectué, le géomètre a établi le plan des pièces dont il s'agit, et ce plan, sur lequel les lignes tracées à l'encre rouge indiquent les nouvelles limites adoptées par les parties, a été rapporté ici à l'échelle de 1 à 1000 mètres, comme il suit :

Plan des pièces. *(Figurer ici les pièces)*.

Les bornes nouvellement plantées sont placées aux extrémités des lignes qui séparent les pièces; ces bornes, au nombre de..., sont figurées et numérotées au plan par autant de carrés rouges, les carrés noirs représentent les anciennes bornes trouvées lors de l'opération ; elles sont au nombre de... et portent les numéros...

Les parties ont reconnu l'existence de toutes ces bornes et sont convenues qu'elles fixeraient irrévocablement entre elles les limites de leurs pièces, en réservant par le sieur... tous ses droits contre les autres propriétaires voisins pour parvenir au recouvrement du déficit existant encore dans sa pièce.

Les frais de la présente opération seront supportés ainsi que de droit par toutes les parties, chacune au prorata de la contenance de la pièce qui lui appartient.

Clôture.

De tout ce que dessus, le géomètre soussigné a

dressé le présent procès-verbal qu'il affirme sincère et véritable, pour valoir ce que de raison.

Fait quadruple à..., les jour, mois et an susdits, et après lecture faite, toutes les parties ont signé avec le géomètre.

(*Suivent les signatures des parties*).

Pour légalisation :

Le maire,

(*Signature.*)

Procès-verbal de remembrement et abornement d'un territoire.

Le...

Le soussigné..., arpenteur géomètre, demeurant à...

A, par ces présentes, fait le rapport, constaté l'état et établi la reconnaissance des opérations d'arpentage, délimitation et abornement contradictoires, qui ont eu lieu par son ministère, dans le courant des années..., de la majeure partie des propriétés que comprend le territoire de... et d'un certain nombre de celles situées sur les territoires de..., à..., à la requête, en présence et du consentement des propriétaires qui seront ci-après nommés, et avec le concours et l'agrément des voisins intéressés, à cause de la plantation des bornes fixant les limites adoptées définitivement après les débats et explications qui ont eu lieu entre les parties, leurs mandataires, ou sur le terrain qu'il s'agissait de régler.

§ Ier. — DÉNOMINATION DES PARTIES.

Propriétaires requérans demandant l'abornement en vertu de l'article 646 du Code civil.

1° Le sieur (*nom, prénoms, qualité*), demeurant à...

2° Le sieur   *idem.*   demeurant à...

3° Le sieur   *idem.*   demeurant à...

Agissant au nom et comme ayant charge, et au surplus comme se portant fort du sieur..., propriétaire, et de dame..., son épouse, demeurant ensemble à..., pour lesquels il promet et s'oblige de faire agréer et ratifier ces présentes, à leur réquisition et à leurs frais.

4° Le sieur (*nom, prénoms, domicile et qualité*), agissant au nom et comme mandataire du sieur..., et de dame..., son épouse, de son mari dûment autorisée.

5° Le sieur (*nom, prénoms, qualités et domicile*).

§ II.

Propriétaires concourant à l'abornement sur la demande des requérans, avec consentement à l'abornement total ou partiel de leurs pièces enclavées ou contiguës.

1° Le sieur... (*une fois pour toutes, il faut mettre les noms, prénoms, domiciles et qualités de toutes les parties contractantes.*)

2° Les hospices civils de la ville de... représentés par le sieur..., l'un des membres de la commission administrative, spécialement autorisée à l'effet des présentes, par délibération de ladite commission, en date du...

3° Le sieur..., etc.

§ III.

Propriétaires voisins, acquiesçant à l'abornement commun et intervenant pour la reconnaissance des bornes.

1° Le sieur..., etc.

2° Le sieur..., agissant tant en son nom personnel, que comme se portant fort pour..., son épouse et des enfans mineurs issus du premier mariage de

cette dernière avec défunt le sieur..., lesquels sont:
1°...; 2°..., etc., par lesquels il s'oblige de faire
ratifier, etc.

3° Le sieur... agissant tant en son nom personnel
qu'en sa qualité de tuteur légal de....., son enfant
mineur, issu de son mariage avec la dame.... son
épouse décédée, et s'obligeant ledit sieur... de le
faire ratifier lors de sa majorité.

4° Le sieur..... propriétaire demeurant à.... représenté par le sieur.... cultivateur, demeurant
à...; agissant et stipulant, en sa qualité de fermier
dudit sieur..., suivant bail reçu de M°...., notaire
à..., le... 18.... dûment enregistré, ledit fermier
étant chargé de rendre les terres qui font l'objet
du bail précité par arpentage et abornement.

5° Le sieur..... etc.

EXÉCUTION DE L'OPÉRATION.

Le géomètre soussigné, après avoir procédé à la
reconnaissance et à l'arpentage de chaque pièce,
a immédiatement désigné les contenances trouvées;
les renseignemens et les titres produits ont été appliqués à chacune de ces pièces.

Cette partie du travail ayant été exécutée, l'opération a été complétée par le règlement des quantités assignées à chaque pièce par l'abornement; puis
il a été procédé à une nouvelle levée de la totalité
pour l'établissement des plans et cartes.

Ainsi, l'opération se compose de trois parties
distinctes, savoir:

La première, est la désignation des pièces selon
le mesurage du terrain, avec l'application des titres
de propriété.

La deuxième, le règlement des quantités et
l'abornement.

La troisième, la levée du terrain après l'aborne-

ment pour l'établissement des plans et cartes de la totalité des propriétés.

OPÉRATIONS.

Première Partie.

Désignation des pièces, selon le mesurage, et application des titres.

TERRITOIRE DE.... — 1er CANTON.

(Désigner le canton.)

Article 1er. — Le sieur... dénommé sous le n° 1er, §^{er}. (Ici on fera la description des lieux, de leur contenance, de la section et des numéros du plan cadastral ; on mentionnera exactement les titres d'acquisition, les baux, s'il y en a, etc.

Article 2e — Le sieur.... dénommé, sous le n° 2, etc.

2e CANTON :

(Continuer la désignation des pièces qui sont dans le canton, comme-ci dessus, puis passer à une autre.)

Deuxième Partie.

Réglement des quantités et abornement.

Les titres ayant été appliqués, comme il est dit ci-dessus, le Géomètre soussigné, après examen des limites qui existaient alors, et après s'être livré aux calculs nécessaires pour parvenir au réglement de la contenance de chaque pièce, a déterminé et réglé les reprises de terrains en faveur des pièces en déficit ; toutes reprises et restitutions ayant été faites et accordées volontairement ; il a ensuite

7

procédé à un abornement définitif et consenti pour les pièces ci-après indiquées.

Les bornes étant plantées, le terrain a été levé de nouveau, et chaque pièce mesurée et calculée avec le plus grand soin, et de ce travail il résulte que les pièces, objet de l'opération, contiennent et contiendront à l'avenir, savoir :

TERRITOIRE DE... — 1ᵉʳ CANTON.

L'article 1ᵉʳ appartenant à....

(Établir ici le déficit ou l'excédant)

2ᵉ CANTON, EIC.

Troisième Partie.

Levée du terrain et établissement des cartes et plans.

Pour parvenir à la levée de la masse du terrain, faisant l'objet de l'opération, le géomètre soussigné a établi la triangulation nécessaire, afin de ratacher les parcelles et de les mettre dans leur véritable situation par rapport aux aspects solaires.

La levée du terrain exécutée sur cette triangulation, les cartes et plans de chaque canton ont été dressés de la manière suivante :

1ᵉʳ CANTON, SECTION O.

Numéros d'abornement, de 1 à... inclus.

(Figurer le canton).

2ᵉ CANTON, SECTION.....

Le chemin de.....

Numéro d'abornement de ..... à ....

(Figurer également le canton.)

On dispose les cartes et atlas.

Conditions de l'abornement et observations.

Au moyen du présent procès-verbal, l'opération de l'abornement constaté comme ci-dessus, se trouve entièrement consommé, et les propriétaires pourront se mettre en possession de leurs terrains, toutefois en se conformément aux limites et dimensions fixées par les cartes et plans qui précèdent, tout abandon de restitution, reprises et changemens ayant été consentis et acceptés, sans autres réserves que celles en là... partie en ce qui concerne quelques pièces. L'original du présent procès-verbal devant rester entre les mains du géomètre soussigné qui en demeure dépositaire, à charge par lui d'en délivrer tous extraits, copies ou expéditions, à qui de droit, à la réquisition des parties contre remboursement d'honoraires, et ses expéditions ou extraits revêtus de la signature dudit géomètre, devant faire foi entre les parties signataires du procès-verbal.

Les bornes anciennes, qui n'ont point varié, sont figurées sur le plan par des carrés (*désigner la couleur*), et celles plantées pour l'exécution de l'opération sont figurées par des carrés (*désigner la couleur*), et sont au nombre de ....

Les limites telles quelles sont déterminées, seront désormais irrévocables ; néanmoins, s'il était reconnu qu'une borne eût été placée irrégulièrement ou dérangée depuis la plantation, il est loisible à toutes les parties d'exiger le remplacement au véritable point, dans la huitaine de la demande, le tout à frais communs ; et à l'instant même, l'arpenteur a remis à chacun individuellement, tous les titres, papiers, notes et renseignemens à lui produits, dont décharge, à cet égard.

(*S'il n'a pas été convenu de prix pour honoraires de l'arpenteur, on mettra...*). Il a été attribué au géomètre soussigné pour honoraires et frais de son travail, pour chaque hectare... et par pièce...

CLOTURE.

De tout ce qui précède, le géomètre soussigné a fait et dressé le présent procès-verbal d'abornement, par lui affirmé sincère et véritable, pour servir et valoir à qui de droit.

Clos et arrêté définitivement à... le... 18... et après lecture faite et connaissance prise des cartes et plans, et ont les parties signé avec l'arpenteur géomètre.

(Signatures).

CHAPITRE XV.

Articles principaux et raisonnés des codes rural et administratif, etc.

—————

Abeilles.

Tout propriétaire d'essaims peut les réclamer et les ressaisir, quand il n'a pas cessé de les suivre : dans le cas contraire, ils appartiennent au propriétaire du terrain sur lequel ils se sont abattus.

Celui qui a fourni les mouches, le propriétaire pour récupérer les créances de son fermier, peuvent seuls les faire saisir et vendre, encore faut-il qu'il y ait insuffisance dans la saisie des autres objets mobiliers.

Il est défendu, n'importe pour quelque cause ce soit, de déranger les abeilles dans leurs courses et leurs travaux. Ainsi, même en cas de saisie valable, on ne peut déplacer une ruche que dans les mois de janvier, février et décembre.

Entre l'apier du voisin et celui que l'on établit

sur son fonds, dans les campagnes, il faut 500 pas de distance. Les abeilles sont considérées comme animaux farouches tant qu'elles n'ont pas été renfermées dans une ruche, ainsi elles appartiennent au premier qui s'en empare. Le miel, la cire qu'elles font dans des trous d'arbres ou ailleurs, sont la propriété du premier occupant. Loi du 28 septembre 1791. (C. C. 524.)

Abreuvoir.

Il est interdit de conduire aux abreuvoirs communs, les bestiaux frappés de maladies contagieuses

Nul ne peut y conduire plus de deux chevaux, à l'exception des postillons au service des maîtres de poste, qui peuvent en conduire quatre. (Déclaration du 28 avril 1782). ·

Achat (en foire).

Dans le cas où des bestiaux auraient été volés, et par suite, vendus hors *des marchés et des foires*, ils seront restitués au propriétaire, dans l'état où ils sont, *sans indemnité* à l'acquéreur. *Tous grains et farines* ne peuvent être achetés que dans les foires et marchés publics.

Tout citoyen éloigné des lieux de marché, a le droit de s'approvisionner en blé et en farine, pour lui et sa famille, jusqu'à la récolte prochaine. La provision est fixée (par tête) à quatre quintaux de blé froment, ou cinq quintaux de blé mêlé.

Les fermiers cultivateurs, *sans exception*, sont tenus de faire au préfet ou au sous-préfet, la déclaration des grains qu'ils possèdent, en s'engageant à fournir les marchés s'il en sont requis. Il est bien entendu que les trois articles ci-dessus ne sont applicables qu'en cas de disette. Loi du 28 septembre 1791. C. C. 2279 et 2280. Décret du 4 mai 1812.

Affouage.

Constitue le droit, pour une commune, de couper du bois de construction et chauffage, dans une forêt. Le conseil municipal règle le partage des affouages, pâtures, fruits et récoltes communaux.

Le bois restant des affouages ne peut être *vendu*, *ni trafiqué*, il est destiné au chauffage et aux constructions de l'affouager. Question décidée par plusieurs arrêts de cassation, notamment 13 octobre 1809.

Animaux (Dommages faits par eux).

La responsabilité, *par corps*, pèse sur les gardiens comme dépositaires de justice, relativement aux animaux et bestiaux mis en *fourrière*. Loi du 4 avril 1798 ; code 1385.

Animaux crevés dans les champs, sur les chemins.

Le propriétaire est tenu d'enfouir dans la journée, à quatre pieds de profondeur, dans son terrain, les corps des animaux trouvés morts, ou de les conduire dans un endroit par lui désigné pour les enfouir. Faute par lui de le faire, il sera condamné à la valeur d'une journée de travail, frais de transport et d'enfouissement. Loi du 28 septembre 1791.

La fosse doit être de huit pieds de profondeur, et à 50 toises, au moins, de toute habitation, si l'animal est crevé d'une maladie contagieuse (15 juillet 1797) ou arrêté du 27 messidor an **V.**

Animaux tués.

Celui qui tue ou blesse *un chien de garde*, sera condamné à des dommages et intérêts, et à une amende fixée au double du dédommagement, l'auteur du délit peut être condamné à une détention d'un mois, si l'animal n'est que blessé, s'il reste estropié ou s'il meurt de sa blessure, la peine peut s'élever à six mois , elle sera du double si le délit a été commis dans une étable , ou de nuit (Loi du 28 septembre 1791 p. 452.

Arbres.

Malgré tous usages locaux et statuts , le propriétaire ne peut les couper lui-même. L'arbre fruitier au confinage de deux voisins , placé entre les deux héritages d'une façon égale , donne le partage aux deux propriétaires.

Le propriétaire de l'arbre et celui du fonds se partagent les fruits des branches qui penchent sur le fonds voisin.

Le propriétaire de l'arbre peut entrer, pour y cueillir ses fruits, sur le fonds du voisin , ou amasser ceux qui sont tombés , mais sans faire aucun dommage. Le statut n'étant fait que pour les propriétés des champs , on ne garde pas, dans les villes , la la distance qu'il porte. Quand il y a dommage , l'interdit compète. En Provence on peut appuyer des espaliers contre le mur mitoyen. Celui qui plante un arbre dans le fonds d'autrui, peut en exiger le prix, comme celui qui plante , de bonne foi, dans son terrain , un arbre à autrui , en doit le prix. Quand un arbre a jeté racine , il appartient au propriétaire du fonds, il peut l'arracher à son profit. La limite établit la propriété de l'arbre , entre voisins. L'arbre est la propriété de celui dans le fonds duquel le pied sort. Nul ne peut faire arracher un arbre planté d'un commun accord. Par un décret du 16 décembre 1811 , et par la loi , il est décidé qu'on ne peut arracher ou faire périr un arbre planté dans sa propriété , ou sur une grande route , sans être condamné à une amende triple de la valeur de l'arbre.

Are.

D'après la loi du 17 avril 1795, la nouvelle mesure agraire, établit l'are à 25 toises carrées de terrain.

Armes.

Il résulte de la loi du 20 avril 1790, que les armes, en contravention sur la chasse, seront confisquées, sans qu'il soit permis aux gardes de désarmer.

Bans de fenaison, moisson ou vendange.

L'usage général n'admet plus les bans de moisson et fenaison ; ceux de vendange sont seuls obligatoires. Chaque année, le conseil municipal, pourra faire un réglement sur les vignes non closes, dans les pays où cette mesure est de coutume. Le sous-préfet ayant donné son avis sur les réclamations contre le réglement, le préfet statuera. Loi du 28 septembre 1791, C. pénal 475-478.

Bancs et chaises placés dans les églises.

Les décrets des 18 mai 1806, 1er août et 30 décembre 1809, donnent aux préfets et aux évêques seuls, le droit de fixer le tarif du prix des bancs et chaises.

Barrière de dégel.

Dès que le dégel aura lieu, les ingénieurs préviendront les sous-préfets, ceux-ci ordonneront la fermeture des barrières. Cette mesure est applicable dans les départemens seuls, où il y a des routes pavées. (Ordonnance du 23 décembre 1816). Dès que les arrêtés auront été affichés et publiés dans l'endroit le plus apparent, nulle voiture ne sortira plus de la commune, sans un laissez-passer du maire pour le lieu le plus voisin, à défaut d'auberge propre à remiser les attelages et les voitures.

Battues contre les animaux féroces.

Des battues générales et chasses relatives aux animaux nuisibles tels que loups, renards, etc., seront faites chaque trois mois, au moins, dans les forêts nationales. 19 pluviose an V (7 février 1797), arrêté du conseil exécutif. Il y a une amende de dix francs contre ceux qui se refuseraient à une battue générale, ou qui présens à l'appel, avant d'y procéder, au lieu du rassemblement, auraient disparu pendant la chasse et n'assisteraient pas au rappel. (Arrêt du conseil, 25 janvier 1787.

Bergers.

D'après la loi du 28 septembre 1791, une amende d'une journée de travail sera infligée au berger et pâtre qui mèneront toute espèce de troupeaux dans les champs moissonnés ouverts, avant deux jours, après récoltes entièrement faites. Si les champs sont enclos, l'amende est double. Si ce n'est pour crime, on ne peut arrêter, sans avoir préalablement pourvu à la sûreté des animaux, tout employé à l'agriculture avec des bestiaux au labourage, admis à d'autres travaux ou à la garde des troupeaux. Le berger, d'après un arrêt du conseil du roi du 14 septembre 1751, est tenu de justifier que les bêtes disparues de son troupeau, sont mortes de maladie ou par accident, sinon il sera condamné à payer le double de leur valeur. Le même arrêt interdit aux bergers de troquer, vendre, échanger les bêtes à laine confiées à leur garde. Les bouchers et marchands de laine, ne peuvent les acheter ou échanger que sur le consentement écrit des maîtres. Il est encore défendu aux bergers de joindre aux troupeaux de leurs maîtres les bêtes, *dites de montures,* qu'ils ont pour leur compte.

7.

Bestiaux.

Sont compris sous cette qualification, les chèvres, les moutons, les vaux, les vaches, les bœufs, les taureaux. Les objets, déclarés immeubles par destination, par la loi ne peuvent être saisis. Les animaux attachés à la culture sont immeubles par destination, quand ils sont établis par le propriétaire, pour l'exploitation du fonds. C. C. 524.

Chaume.

Ordinairement abandonné aux indigens de la campagne, ils l'emploient en litière, fourrage, le brûlent ou en couvrent leurs maisons. Il est d'usage de ne chaumer qu'au 1er octobre, ou suit la coutume des lieux, la prudence du juge, afin de laisser aux glaneurs le temps de glaner ; néanmoins chacun a le droit de conserver son chaume ; dans certains endroits il se vend à l'arpent. Les coutumes règlent diversement l'époque où il est permis de mener les bestiaux dans de nouveaux chaumes, afin qu'on ait le temps de les enlever. Les uns le fixent à trois jours, d'autres le défendent jusqu'à l'enlèvement des chaumes, sans fraude, de la part du maître du champ. Les pauvres glanent dans toutes les saisons, ces défenses ont lieu pour les chaumes de blé, d'avoine et autres menus grains.

Chemins.

Les propriétaires dont les possessions sont plus basses que les chemins, ne peuvent arrêter par clôture ou exhaussement, les eaux qui en proviennent ; mais, sans empiéter sur les chemins, ils ont le droit de creuser des fossés pour les débarrasser de ces eaux. (ordonnances du 13 février 1741 et 22 juin 1751). Les propriétaires riverains sont tenus de curer les fossés des chemins et d'en supporter les résidus ; la largeur des chemins de 1re classe est fixée à 14 mètres (42 pieds) ; 2e classe 12 mètres (36 pieds) ; 3e ou route départementale, 10 mètres (30 pieds) ; 4e destinée à communiquer entre villes et villages, 8 mètres (24 pieds) ; les chemins vicinaux, 6 mètres (18 pieds). Les sentiers ont ordinairement 2 pieds. Des lois et réglemens particuliers déterminent les servitudes, pour utilité publique ou communale, pour construction de chemins ou ouvrages communaux ; pour marche-pieds le long des rivières navigables ou flottables. C. C. 651.

Seront condamnés à la réparation, ou à là restitution, et à une amende, *tous individus* qui auront dégradé, détérioré de quelque manière ce soit, ou usurpé sur les chemins publics. Loi du 28 septembre 1791. Un arrêt du conseil d'état du 3 mai 1720, prescrit à tous propriétaires d'héritages tenant et aboutissant aux grands chemins, ou à tous embranchemens sur eux, de les planter d'arbres fruitiers ou autres arbres, tels que hêtres, châtaigniers, ormes, suivant la nature du terrain, à 30 pieds de distance l'un de l'autre, et à une toise au moins du bord extérieur des fossés de ces grands chemins ; ils seront enveloppés d'épines ; s'ils périssent les propriétaires les remplaceront dans l'année. C'est à l'administration publique à fixer la largeur des chemins vicinaux, suivant les localités ; elle ne pourra jamais excéder 6 mètres (18 pieds). Les chemins vicinaux d'une dimension plus large, quant à présent, ne pourront être changés. Loi du 9 ventose an XIII ou 28 février 1805.

Le propriétaire qui profite d'une alluvion doit laisser le chemin du hâlage. C. C. 556. Par la loi du 7 septembre 1790, l'administration est seule compétente sur les contestations pour indemnité des terrains pris pour confection des chemins, ou matériaux extraits ou enlevés pour leur entretien. (Réglement de 1737). Les propriétaires des terres inférieures sont tenus d'entretenir les murs des chemins, à moins qu'ils n'aient laissé au pied du mur, et en friche, une banquette en talus de 4 pieds de large. (Arrêt du conseil d'état, 17 juin 1721).

Chèvres.

Il est défendu de faire paître les boucs et les chèvres dans les forêts. Arrêts du parlement du Dauphiné, du 21 mai 1718 et de la cour de cassation, du 1er août 1811.

Chiens.

Seront punis d'amende, depuis six francs jusqu'à dix, inclusivement, ceux qui auront excité ou n'auront pas retenu leurs chiens lorsqu'il sattaquent et poursuivent les passans, quand même ceux-ci n'auraient subi aucun dommage. Art. 475 du C. pénal. Par le nombre 7 de l'art. 475 C. pénal de 1810, ceux qui laissent divaguer des chiens dangereux, sont responsables des accidens provenant du fait de ces animaux, encourent une amende de 6 à 10 francs; en cas de récidive, l'art. 478, inflige un emprisonnement de cinq jours au plus. Un chien manifestant des signes de rage, doit être retenu à l'attache; les maires et adjoints peuvent faire tuer celui qui est errant. Loi du 22 juillet 1791. Dans le cas d'une maladie épizootique, on doit tenir les chiens à l'attache. Libre d'assommer ceux qui sont divaguans. Arrêté du gouvernement du 27 messidor an V.

Dénonciation.

Les art. 29 et 30 du Code d'instruction criminelle imposent à tous les fonctionnaires publics, et à tous les citoyens, l'obligation de dénoncer au procureur du roi tous les crimes ou délits qui sont parvenus à leur connaissance. L'auteur d'une dénonciation par écrit, lorsqu'elle est calomnieuse, est punie d'une amende de 100 à 3000 fr. par l'art. 373 du Code pénal.

Établissemens dangereux ou insalubres.

La loi du 15 octoble 1810, les divise en trois classes. On considère comme tels, tous les établissemens qui, par la fabrication à laquelle ils se livrent, rendent leur voisinage dangereux, ou menacent par les odeurs qui s'en échappent de nuire à la salubrité publique. Il est nécessaire de se munir d'une autorisation avant de faire construire ces sortes d'établissemens, car l'autorité aurait le droit de les faire fermer et même démolir.

Feu.

Le Code forestier, art. 148, défend d'allumer du feu dans l'intérieur et à la distance de 200 mètres des forêts, sous peine de 20 à 200 fr. d'amende.

Livret.

Tous les ouvriers doivent être munis d'un livret. Il sert à inscrire les engagemens intervenus entre eux et ceux qui les emploient. Il doit être visé lors de leur entrée ou sortie de leur atelier par le maire. Le maître qui loue leur industrie, ne doit les recevoir que munir du certificat qui constate qu'ils ont rempli leur engagement délivré par celui de chez qui ils sortent. Loi du 9 frimaire an XI.

Parcours et vaine pâture.

On entend généralement par le droit de parcours celui qu'exercent deux ou plusieurs communes, qui envoient réciproquement sur leur territoire, leurs bestiaux vain-pâturer.

La vaine-pâture est le droit qu'ont tous les habitans d'une même communauté d'envoyer paître leurs animaux sur les terres des uns des autres, lorsque toute fois elles ne sont point ensemencées.

Les lois du 28 novembre et 6 octobre 1791 , régissent cette matière. L'art. 648 du Code civil retire au propriétaire qui veut se clore le droit de parcours dans la proportion de terrain qu'il soustrait au pâturage. C'est l'autorité administrative qui règle l'époque à laquelle le parcours et la vaine-pâture doivent s'ouvrir.

Racines.

Les art. 671 et 672 , autorisent entre voisin à faire arracher les arbres et haies plantés à une distance moindre que celle prescrite par des réglemens particuliers , actuellement en vigueur , ou par des usages constans et reconnus. A défaut d'usages ou réglemens , les arbres à hautes tiges doivent être plantés à deux mètres de la ligne séparative des deux héritages , et à la distance d'un demi-mètre pour les autres arbres et haies vives. Si des racines avancent sur un héritage , on a le droit de les couper. La jurisprudence a établi que ces dispositions sont applicables aux arbres des forêts.

Tabacs.

Le gouvernement a conservé le monopole de l'achat , de la vente et de la fabrication des tabacs. Tout propriétaire peut toutefois , pour son plaisir, lorsqu'il ne fait point l'objet d'une spéculation, avoir jusqu'à 20 pieds de tabac. Voir la loi du 23 ventose an XII. Le décret du 29 décembre 1810. La loi du 20 avril 1816. Le décret du 28 août 1808.

Voirie.

C'est cette portion de la police qui a pour objet l'établissement et la conservation de la voie publique. On la divise en grande et petite voirie. La grande voirie embrasse les communications d'une utilité générale ; c'est-à-dire , les routes royales et départementales. La petite voirie n'embrasse que les communications dont l'utilité est purement communale. Ce sont les préfets qui, en matière de grande voirie, sont seuls compétens pour déterminer les alignemens, les réparations, saillies, démolitions de bâtimens qui se trouvent sur la voie publique. Au conseil de préfecture seul appartient le droit de statuer sur les contraventions de cette nature. Les contestations en matière de petite voirie doivent être déférées au tribunal de simple police. Celles ralatives aux chemins vicinaux, sont selon l'occurrence portées, soit devant les tribunaux civils, soit devant le conseil de préfecture.

CODE ADMINISTRATIF.

Abandon.

Le propriétaire dont le terrain ne produit aucun rapport, peut se soustraire au paiement des contributions, en faisant la déclaration de l'abandon de sa propriété, au secrétariat de la municipalité du lieu où est situé le terrain. Lois du 10 décembre 1790, du 3 frimaire an VII, du 16 septembre 1807.

Absens.

Dans toutes les communes, autres que celles où siège un juge de paix, les maires doivent dénoncer au juge de paix de leur canton, la mort de toutes personnes qui laissent pour héritiers des absens ou des mineurs. Arrêté du 22 prairial an V.

Bâtimens.

L'autorité municipale fixe les mesures relatives à la sûreté publique, à l'alignement et à la libre circulation. Elle a le droit de faire abattre les bâtimens qui menacent ruine et ceux qui, abandonnés, pourraient servir de retraite aux malfaiteurs. L'infraction à ces réglemens est punie par l'art. 471 du Code pénal.

Contribution sur les portes et fenêtres.
(Extrait de la loi du 21 avril 1832).

Cette contribution est établie sur les portes et fenêtres donnant sur les rues, cours et jardins des bâtimens et usines, sur tout le territoire du royaume, et dans les proportions ci-après.

POUR LES MAISONS		Au-dessous de 5,600 âmes.	de 5,000 à 10,000.	de 10,000 à 25,000.	de 25,000 à 50,000.	de 50,000 à 100,000.	Au-dessus de 100,000.
à 6 ouvertures et au-dessus		f. c.	f. c.	f. c.	f. c.	f. c.	f. c.
	Fenêtres du 3e étage et des étages supérieurs.	0 60	0 75	0 75	0 75	0 75	0 75
	Portes ordinaires et fenêtres du rez-de-chaussée, de l'entresol, des 1er et 2e étages.	0 60	0 75	0 90	1 20	1 50	1 80
	Portes cochères, charretières et de magasins.	1 60	3 50	7 40	11 20	15 00	18 20
POUR LES MAISONS A	Cinq Ouvertures.	2 50	3 25	4 00	5 50	7 00	8 50
	Quatre Ouvertures.	1 60	2 20	2 80	4 00	5 20	6 40
	Trois Ouvertures.	0 90	1 35	1 80	2 40	3 60	4 50
	Deux Ouvertures.	0 45	0 60	0 80	1 00	1 20	1 50
	Une Ouverture.	0 30	0 40	0 50	0 60	0 80	1 00
POPULATION DES VILLES et des communes.							

Dans les villes et communes au-dessus, de cinq mille ames, la taxe correspondante au chiffre de leur population ne s'appliquera qu'aux habitations comprises dans les limites intérieures de l'octroi. Les habitations dépendantes de la banlieue seront portées dans la classe des communes rurales.

Ne sont pas soumis à la contribution établie par la présente ; les portes et fenêtres servant à éclairer ou à aérer les granges, bergeries, étables, greniers ; caves et autres locaux non destinés à l'habitation des hommes, ainsi que toutes les ouvertures du comble ou toitures des maisons habitées.

La contribution des portes et fenêtres sera exigible contre les locataires principaux des maisons, bâtimens et usines, sauf leur recours contre les locataires particuliers pour le remboursement de la somme due à raison des locaux par eux occupés.

Les redevables seront contraints au paiement de la contribution par saisie et vente de leur mobilier, vingt-quatre heures après le commandement qui leur sera fait, par écrit, par le percepteur.

L'exécution pourra porter sur les meubles et effets des locataires jusqu'à concurrence des sommes par eux dues.

Lorsque le même bâtiment sera occupé par le propriétaire et un ou plusieurs locataires seulement, la contribution des portes et fenêtres d'un usage commun sera acquitée par les propriétaires ou usufruitiers.

VICES REDHIBITOIRES.

Art. 1. Sont réputés vices rédhibitoires et donneront seuls ouverture à l'action résultant de l'art. 1641 C. C., dans les ventes ou échanges des animaux domestiques ci-dessous dénommés, sans distinctions des localités où les ventes et échanges auront eu lieu, les maladies ou défauts ci-après, savoir :

Pour le cheval, l'âne et le mulet.

1° La fluxion périodique des yeux ; 2° L'épilepsie ou le mal caduc ; 3° la morve, 4° le farcin ; 5° les maladies anciennes de poitrine, ou vieilles courbatures ; 6° l'immobilité ; 7° la pousse ; 8° le cornage chronique ; 9° le tic sans usure des dents ; 10° les hernies inguinales intermittentes ; 11° la boitterie intermittente pour cause de vieux mal.

Pour l'espèce bovine.

1° La phthisie pulmonaire ou pommelière ; 2° l'épilepsie, ou mal caduc ; 3° les suites de la non-délivrance, le renversement du vagin ou de l'utérus, après le part chez le vendeur.

Pour l'espèce ovine.

La clavelée : cette maladie, reconnue chez un seul animal, entraînera la rédhibition de tout le troupeau. — La rédhibition n'aura lieu que si le troupeau porte la marque du vendeur. — Le sang-de-rate : cette maladie n'entraînera la rédhibition du troupeau qu'autant que, dans le délai de la garantie, sa perte constatée s'élèvera au quinzième au moins des animaux achetés. — Dans ce dernier cas, la rédhibition n'aura lieu également que si le troupeau porte la marque du vendeur.

2. L'action en réduction du prix, autorisée par l'article 1644 C. C., ne pourra être exercée dans les ventes et échanges d'animaux énoncés dans l'art. 1er ci-dessus.

3. Le délai pour intenter l'action rédhibitoire sera, non compris le jour fixé pour la livraison, — De trente jours pour le cas de fluxion périodique des yeux et d'épilepsie ou mal caduc ; — De neuf jours pour tous les autres cas.

4. Si la livraison de l'animal a été effectuée ou

s'il a été conduit, dans les délais ci-dessus, hors du lieu du domicile du vendeur, les délais seront augmentés d'un jour par cinq myriamètres de distance du domicile du vendeur au lieu où l'animal se trouve.

5. Dans tous les cas, l'acheteur, à peine d'être non recevable, sera tenu de provoquer, dans les délais de l'art. 3, la nomination d'experts chargés de dresser procès-verbal ; la requête sera présentée au juge de paix du lieu où se trouvera l'animal. — Ce juge nommera immédiatement, suivant l'exigence des cas, un ou trois experts, qui devront opérer dans le plus bref délai.

6. La demande sera dispensée du préliminaire de conciliation, et l'affaire instruite et jugée comme matière sommaire.

7. Si, pendant la durée des délais fixés par l'art. 3, l'animal vient à périr, le vendeur ne sera pas tenu de la garantie, à moins que l'acheteur ne prouve que la perte de l'animal provient de l'une des maladies spécifiées dans l'art. 1er.

8. Le vendeur sera dispensé de la garantie résultant de la morve et du farcin pour le cheval, l'âne et le mulet, et de la clavelée pour l'espèce ovine, s'il prouve que l'animal, depuis la livraison, a été mis en contact avec des animaux atteints de ces maladies.

POIDS ET MESURES.

TABLEAU DES MESURES LÉGALES.

NOTIONS SUR LES NOUVELLES MESURES.

On est déjà familiarisé avec les mots *franc, mètre, gramme, litre, stère, are;* et beaucoup de personnes parlent de kilogrammes, de kilomètres, d'hectares, sans apprécier les rapports de ces mots avec ceux de grammes, etc., en voici l'explication :

Les nombres 10000, 1000, 100, 10, 10e 100e 1000e s'expriment *myria, kilo, hecto, déca, déci, centi, milli.*

Ces mots se placent avant les termes propres des poids et mesures, ainsi on dit :

Myriamètre	pour 10000 mètres.		Myriagramme	pour 10000 gr.	
Kilomètre	1000		Kilogramme	1000	
Hectomètre	100		Hectogramme	100	
Décamètre	10		Décagramme	10	
Décimètre	10e de mètre.		Décigramme	10e de gr.	
Centimètre	100^e		Centigramme	100^e	
Millimètre	1000^e		Milligramme	1000^e	

Pour le litre, on ne se sert que des multiples (1) *hecto, déca,* et sous-multiples *déci, centi.*

Pour l'are, on dit *hectare* au lieu de *hectoare,* on se sert peut des multiples *myria* et *déca.*

Pour le stère, on se sert peu des multiples et sous-multiples.

Pour le franc on ne se sert pas des multiples; on dit *décime* au lieu de *déci, centime* au lieu de *centi.*

Le *mètre* est l'unité de longueur; il a 3 pieds 11 lignes 0,296, ou à peu près 3 pieds 1 pouce.

Le *gramme* est l'unité pour les poids; il pèse 18 grains 0,827 de grains de l'ancienne livre.

Le *litre* est l'unité pour mesurer les graines et les liquides, c'est 1 décimètre cube.

Le *stère* est l'unité pour les solides, c'est un cube qui a un mètre sur toutes les faces.

L'*are* est l'unité pour mesurer les champs, c'est un quarré qui a 10 mètres de côté.

Le *franc* est l'unité pour les monnaies, c'est une pièce d'argent du poids de 5 grammes, elle ren-

---

(1) On entend par multiples les nombres de dix en dix fois plus grands. Ainsi kilomètre, hectomètre, décamètre, sont les multiples du mètre, et décimètres, centimètres, etc., sont des sous-multiples.

ferme 9/10 d'argent pur et 1/10 d'alliage ; par conséquent 100 francs pèsent 500 grammes, qui répondent à la nouvelle livre ou 1/2 kilogramme.

Le *gramme* est bien l'unité de poids, mais le kilogramme est plutôt considéré comme telle.

Le kilogramme répond à 2 livres nouvelles de 9413 grains 500 grammes ou hectogrammes à la livre nouvelle.

200 gr. ou	2 hect. à	6 onc.	3 gros	14 grains	ou 6 onc.	0 399
100	1	3	1	43	3	0 199
50	5 décag.	1	4	58	1	0 600
20	2	0	3	8	0	0 639
10	1	0	2	40	0	0 319
1	1 gramme			18	0	0 032

La livre ancienne de 9216 grains n'étant plus en usage depuis long-temps, on croit devoir s'abstenir d'en parler.

RÉDUCTION

des onces en grammes.

1 once vaut 31 s 1/4			
2		62	1/2
3		93	3/4
4	1 h.	25	ou 125 grain.
5	1	56 1/4	156,25
6	1 87	1/2	187,7
7	2 18 3/4		218,75
8	2	50	250,00
9	2	81 1/4	281,25
10	3	12 1/2	312,50
11	3	43 3/4	343,75
12	3	75	375,00
13	4	06 1/4	406,25
14	4	37 1/2	437,50
15	4	68 3/4	468,75
16	5	00	500

Les multiples des nouvelles mesures suivent la numération décimale, c'est ce qui en facilite singulièrement le calcul et dispense de recourir au calcul des nombres complexes, calcul long et qui exposait à beaucoup d'erreurs.

2869 grammes peuvent se rendre par 2 kilog. 8 hect. 6 décag. 9 grammes, ou mieux 2 kilog. 869 gr. Les sous-multiples du gramme ne s'emploient que pour l'or, l'argent et autres choses de prix.

Pour le mètre, les sous-multiples *déci*, *centi*, *milli* sont souvent employés. Ainsi 47 mètres 376 signifient 47 m. 3 décimètres 7 centimètres 6 millimètres, ou mieux 376 millimètres.

485 litres 59 centilitres peuvent se rendre par 4 hectolitres 8 décalitres 5 litres 5 décilitres 9 centilitres, et mieux 485 litres 59 centilitres.

Mesures agraires.

Hectares. — Cent ares ou dix mille mètres carrés

Are. — Cent mètres carrés , carré de dix mètres de côté.

Centiare. — Centième de l'are ou mètre carré.

Mesures de capacité pour les liquides et les matières sèches.

Kilolitre. — Mille litres.
Hectolitre. — Cent litres.
Décalitre. — Dix litres.
Litre. — Décimètre cube.
Décilitre. — Dixième de litre.

Mesure de solidité.

Décastère. — Dix stères.
Stère. — Mètre cube.
Décistère. — Dixième de stère.

Poids.

.... Mille kilogrammes , poids du mètre cube d'eau et du tonneau de la mer.

.... Cent kilogrammes , quintal métrique.

Kilogramme. — Mille grammes , poids dans lo vide d'un décimètre cube d'eau distillée à la température de quatre degrés centigrades. — L'étalon prototype en platine , déposé aux archives le 4 messidor an VII , donne dans le vide le poids légal du kilogramme.

Hectogramme. — Cent grammes.
Décagramme. — Dix grammes
Gramme. — Poids d'un centimètre cube d'eau à à quatre degrés centigrades.
Décigramme. — Dixième de gramme.
Centigramme. — Centième du gramme.
Milligramme. — Millième du gramme.

Monnaie.

Franc. — Cinq grammes d'argent au titre de neuf dixièmes de fin.

Décime. — Dixième du franc.

Centime. — Centième du franc.

Conformément à la disposition de la loi du 18 germinal an III, concernant les poids et les mesures de capacité, chacune des mesures décimales de ces deux genres a son double et sa moitié.

Vu pour être annexé à la loi du 4 juillet 1837.

CHAPITRE XVI.

PÉTITIONS, MÉMOIRES, PROCÈS-VERBAUX, ET AUTRES ACTES.

Demande de la part d'un ancien militaire pour être nommé aux fonctions de garde forestier.

À Monsieur

Monsieur l'inspecteur des Eaux et Forêts du département de ...... à la résidence de ...... (*nom et prénoms du pétitionnaire, son grade, le numéro de son régiment, son domicile actuel, et le titre de la rue habitée par lui*).

A l'honneur de vous exposer très-respectueusement,

Que par suite du tirage de la conscription en date du..... (*ou qu'il s'est enrôlé volontairement, sous la date du....*).

Il a été incorporé à l'âge de ... dans le.... (*n° du régiment*).

Que son service militaire s'est prolongé jusqu'aujourd'hui, après avoir fait en Afrique les campagnes de...

Que pendant toute la durée de son service, jamais une punition grave n'est venue l'atteindre, car tel est le résultat du certificat de bonne conduite à lui délivré par le conseil d'administration, lequel il représente ainsi que son congé.

Qu'à peine arrivé à l'âge de...., ses forces, sa santé, l'habitude des fatigues, sa conduite comme militaire lui donnent l'espoir qu'il pourra remplir avec exactitude et fidélité les fonctions de garde forestier.

C'est dans ces circonstances, Monsieur l'Inspecteur, que l'exposant ose vous prier de recevoir sa demande d'être admis comme garde forestier sous vos ordres.

Daignez agréer, Monsieur l'Inspecteur, l'hommage du profond respect de votre très-humble et très-obéissant serviteur.

(Signature).

Nota. Si le père du pétitionnaire était ancien militaire, ou s'il avait fait partie de l'administration forestière, il ne faudrait pas négliger de faire valoir cette circonstance.

VENTE EN DÉTAIL

DE DIFFÉRENS CRANS CONTENUS DANS UNE COUPE DE BOIS.

Je soussigné ..... demeurant à... reconnais avoir vendu à ...... aussi soussigné.

Le ..... cran de la coupe à faire du bois qui m'appartient au canton dit....., entre M ..... au levant et les terres au couchant, lequel cran contient...... et une réserve de..... pour le prix de ..... Et en outre, sous les clauses et conditions suivantes que nous nous obligeons à exécuter.

1° Ledit ...... sera tenu de payer le prix dudit cran en espèces d'or ou d'argent ayant cours en en France, en mon domicile à .... en deux termes égaux, le premier échéant le .... le second le .... suivant ;

2° Il paiera en outre, avant de mettre la cognée dans son cran, sous peine d'être poursuivi comme délinquant, outre le prix ci-dessus, les francs vins à raison de dix centimes par franc ;

3° Il sera tenu, pour l'exploitation dudit cran, de se conformer aux réglemens et charges imposés par l'administration forestière pour l'exploitation des bois de l'État, sauf les modifications ci-après :

4° L'exploitation sera terminée et le bois entièrement façonné pour le .... et le cran tout à fait vidé pour le ..... suivant ; passé ce délai, le bois qui y existerait encore appartiendra de plein droit au vendeur ;

5° A cette dernière époque, il sera fait un récollement, lors duquel le sieur ..... sera tenu de représenter saine et entière, à peine de tous dommages-intérêts, la réserve marquée dans son cran.

6° Ledit sieur ..... sera tenu de fournir caution solvable qui s'engagera solidairement avec lui, si le vendeur l'exige dans les 24 heures, de la souscription des présentes.

7° Le cran dont il s'agit est vendu avec garantie de la part du vendeur, soit de sa contenance, soit du nombre des arbres à abattre.

8° Enfin les soussignés font élection de domicile en leurs demeures actuelles pour l'exécution des présentes.

(Signature).

Je soussigné ..... déclare m'engager envers M ... comme caution solidaire de .... pour l'exécution de toutes les conditions du traité ci-dessus.

A ....., le

(Signatures).

Cet acte doit toujours être fait sur papier timbré.

Pétition à la chambre des députés pour obtenir un dégrèvement de l'impôt sur les boissons.

Messieurs les députés,

Les soussignés, tous citoyens français, viennent s'adresser à vous dans un but d'intérêt général, et

8

vous représenter respectueusement ce qu'il y a de désastreux dans l'impôt indirect qui frappe les boissons. (*Indiquer les griefs.*)

Votre sollicitude se trouvera sans doute éveillée à la lecture de motifs aussi graves, et nulle considération ne pourra vous empêcher de réformer les nombreux abus que nous avons eu l'honneur de vous signaler.

Toute notre confiance est dans vos lumières et votre justice.

A..., le... 18...

(Signatures).

Demande pour être déchargé d'une contribution foncière.

A Monsieur le préfet du département de...

J... (*nom, prénoms et domicile*),

A l'honneur de vous exposer,

Qu'il est propriétaire d'une maison sise à..., rue..., n°... N'ayant pu trouver à louer cet immeuble depuis le..., 18..., il n'en a pas moins acquitté l'impôt des portes et fenêtres, s'élevant à la somme de..., ainsi qu'il résulte de l'extrait de matrice du rôle délivré et certifié par M. le maire de..., en date du..., lequel extrait est joint à la présente.

L'exposant, dans ces circonstances, a l'honneur de s'adresser à vous, Monsieur, pour obtenir le remboursement de la somme de..., montant de la contribution précitée; et ferez justice.

Il a l'honneur d'être, monsieur le préfet, votre très-humble et respectueux serviteur.

(Signature)

Demande en déduction de contributions foncières.

A Monsieur le préfet du département de...

(Comme dessus).

A l'honneur de vous exposer,

Qu'il a été taxé à la somme de... pour la coutribution foncière de l'année 18.. ; que cet impôt trop considérable pour la valeur de la maison a été sans doute basé sur un revenu plus élevé que celui qu'elle produit en effet.

A ces causes l'exposant a l'honneur de vous demander, Monsieur, qu'après une nouvelle évaluation, il lui soit accordé une réduction de sa contribution mobilière qui replace la taxe à son véritable taux, et ferez justice.

Il a l'honneur, etc.

(Signature.)

Même sujet.

A Monsieur le préfet du département de...

(Comme dessus).

A l'honneur d'exposer que depuis... années consécutives sa maison située rue..., n°..., est restée sans locataire; dans ces circonstances il a l'honneur de s'adresser à vous pour obtenir une réduction proportionnelle au temps qu'elle a resté inhabitée, et ferez justice.

Il a l'honneur, etc.

(Signature.)

Demande en réduction d'impôt personnel.

A Monsieur, etc.

(Comme dessus.)

Qu'il a été imposé à la somme de..., au rôle de la contribution personnelle de l'année 18..., qu'il y a sans doute erreur, puisque son loyer ne s'élève et ne peut s'élever qu'à la somme de..., et qu'il y a par conséquent sur-taxe.

A ces causes, il vous plaise, Monsieur, lui accorder une réduction et ferez justice.

Il a l'honneur, etc.

(Signature.)

Demande pour obtenir un port d'armes.

A Monsieur, etc.

Qu'étant propriétaire sur le territoire de la commune de..., il y paie une contribution de..., ainsi qu'il est constaté par certificats du maire et du percepteur, à ces causes il vous prie, Monsieur, de vouloir bien lui accorder et lui faire délivrer un port d'armes, et ferez justice.

Il a l'honneur, etc.

(Signature).

Demande pour construire un bâtiment ou un mur le long d'une route.

A Monsieur, etc.

(Comme ci-dessus.)

A l'honneur, etc.

Qu'étant propriétaire d'un terrain qui borde au nord la route royale de..., n°..., ledit terrain au canton dit..., limité au levant par..., au couchant par..., il est dans l'intention de construire *un bâtiment ou un mur* qui doit régner le long .de ladite route.

Pour arriver à cette fin, l'exposant vous prie, monsieur le préfet, d'autoriser l'administration des ponts-et-chaussées à lui tracer la limite exacte sur laquelle il pourra élever ces constructions, et ferez justice.

Il a l'honneur, etc.

(Signature).

Demande d'alignement.

A Monsieur, etc.

A l'honneur, etc.

Qu'étant disposé à faire une ouverture (*façade ou autres travaux*) dans sa maison, rue de ....

n°..., l'exposant vous prie de vouloir bien lui faire tracer l'alignement qui doit servir de base aux travaux projetés, et ferez justice.

Il a l'honneur, etc.

(Signature)

Demande pour autorisation d'un établissement d'usine, manufacture ou fabrique.

A Monsieur, etc.

(Comme ci-dessus.)

A l'honneur, etc.

Qu'il est dans l'intention d'élever un établissement concernant la fabrication de...; que pour parvenir à ce but il joint à la présente un état des opérations de l'usine, en vous priant, monsieur le préfet, qu'aux termes de l'article 7 du décret du 15 octobre 1810, vous fassiez dresser un procès-verbal de *commodo* et *incommodo*, s'il y a lieu, pour ensuite obtenir de vous l'autorisation de mettre en activité l'établissement dont s'agit, et ferez justice.

Il a l'honneur, etc.

(Signature.)

Demande pour obtenir un delai pour se faire remplacer.

A Monsieur, etc.

(Comme ci-dessus.)

A l'honneur, etc.

Que sous la date du..., il a été appelé au tirage de la conscription de l'année 18...; que le sort lui a dévolu le n°..., dernier de ceux mis à la réserve dans le canton de...; ce qui est constaté par le certificat du maire qu'il représente; qu'ayant espéré que par ce classement il ne serait pas mis en activité, il a négligé de se faire remplacer, chose qu'il aurait déjà faite sans cette circonstance imprévue.

A ces causes, il vous supplie, monsieur le préfet, de lui accorder un sursis de départ pour se pourvoir d'un remplaçant, et vous ferez justice.

Il a l'honneur, etc.

(*Signature*).

Troisième modèle pour un autre motif.

A Monsieur, etc.

(*Comme ci-dessus.*)

A l'honneur, etc.

Qu'il avait espoir qu'à une seconde visite, son fils..., compris par son numéro dans le contingent de la classe de..., serait exempté pour faute de taille, qu'ainsi il avait négligé de se pourvoir d'un remplaçant, mais qu'ayant appris que l'exemption serait difficile à obtenir, parce que son fils a quelques millimètres au-dessus de la taille voulue, il s'est décidé à le faire remplacer. A ces causes, M. le préfet, il vous supplie de lui accorder, ou lui faire accorder un délai suffisant pour réaliser cette opération, et serez justice.

Il a l'honneur, etc.

(*Signature.*)

Nota. Toutes ces pétitions au préfet doivent être faites en double, l'un sur papier timbré, l'autre sur papier libre, que l'on ploie en deux sur leur longueur.

La feuille de papier libre doit être double *et sur papier dit ministre;* celle timbrée est suffisante au coût de 35 centimes.

Certificat du maire pour attester que le conscrit a la volonté et les moyens de se faire remplacer.

Nous soussignés, maire de la commune de.... canton de..., arrondissement de..., certifions que le sieur... (*nom, prénoms, etc.*) né et domicilié en cette commune, inscrit sous le nº... du registre matricule, et appelé à l'activité de service, a bien réellement l'intention de se faire remplacer et qu'il en a les moyens; déclarant, ledit sieur..., que s'il ne l'a pas fait en temps utile, c'est qu'il comptait sur les chances de l'appel, comme étant compris dans la dernière catégorie des numéros. En foi de quoi lui avons délivré, à sa réquisition, le présent certificat, pour servir et valoir ce que de droit.

A..., le... 18...

(Signature.)

PÉTITIONS AUX MAIRES.

Plainte sur les contraventions au réglement de police.

A Monsieur

Monsieur le maire de la ville ou de la commune de...

Monsieur,

J'ai l'honneur de vous prévenir que contrairement au réglement de police le sieur L..., ferblantier, mon voisin (ou qui habite la même rue que moi), rue..., nº..., travaille habituellement pendant la nuit, et que le tapage qui en résulte trouble mon repos et ma tranquillité; je vous dénonce donc ce fait, afin que vous forciez cet individu à se soumettre à l'article 16 du réglement précité.

J'ai l'honneur d'être,
Monsieur le Maire, avec un profond respect,
Votre obéissant serviteur,

(Signature).

Plainte contre un garde champêtre.

A Monsieur, etc.

(Comme ci-dessus.)

Loin de veiller à la conservation des propriétés, le sieur G..., garde champêtre de notre commune, les laisse en but aux ravages et aux dévastations. D'autres propriétaires ont déjà été victimes de sa négligence, et pour ce qui me concerne, une de mes pièces de terre située à... a été entièrement dévastée dans la journée du..., sans que je puisse connaître les auteurs de ce délit.

Dans ces circonstances, Monsieur le maire, je crois devoir vous soumettre ma plainte contre le sieur G..., avec prière de le rappeler à ses devoirs et à la vigilance qu'il doit aux habitans qui contribuent à ses appointemens, et qui en échange doivent avoir toute espèce de sécurité.

J'ai l'honneur d'être, etc.

(Signature).

PÉTITION POUR ACQUÉRIR SON DOMICILE DANS UNE COMMUNE.

A Monsieur, etc.

Aux termes de l'article 6 de l'acte constitutionnel du 22 frimaire an VIII, je viens vous demander mon admission au nombre des habitans de la commune de..., et la jouissance de leurs droits et prérogatives.

La présente demande est fondée sur ma résidence dans ladite commune depuis le... du mois de..., ce qui jusqu'à ce jour forme un délai de plus d'une année d'habitation sans interruption, et me donne le droit de profiter du bénéfice de l'article précité.

J'ai l'honneur, etc.

(Signature.)

Pour obtenir la permission de communiquer avec un détenu.

A Monsieur, etc.

(Ou à monsieur le préfet de police.)

Par jugement du..., le sieur G..., mon parent (ou mon ami) a été condamné à... d'emprisonnement. La cause de cet emprisonnement n'exigeant pas qu'il soit privé de la vue et des marques d'intérêt des personnes qui lui sont attachées, je viens, au refus qui m'en a été fait, vous demander la permission de communiquer librement avec lui, à charge par moi de me conformer aux heures et réglement.

Dans l'espérance que vous m'accorderez cette faveur, daignez agréer, Monsieur, l'hommage de mon profond respect.

(Signature).

CHAPITRE XVII.

ENREGISTREMENT ET TIMBRE

La loi des 13 brumaire et 22 frimaire an **VII** (3 novembre et 12 décembre 1798), étant la base fondamentale des droits sur le Timbre et l'Enregistrement, il est nécessaire d'en transcrire les dispositions; plus loin on donnera les lois des 6 prairial an VII (25 mai 1799); 26 frimaire an VIII (17 décembre 1779); 27 ventose an IX (18 mars 1801) 3 janvier 1809, et enfin celle du 15 juin 1832.

(On établira également toutes les modifications apportées aux droits de perception, par des lois subséquentes).

13 brumaire an VII (3 novembre 1798).

Art. 1er. La contribution du Timbre est établie sur tous les papiers destinés aux actes civils et judiciaires, et aux écritures qui peuvent être produites en justice et y faire foi.

Art. 2. Cette contribution est de deux sortes :

La première est le droit de timbre imposé et tarifé en raison de la dimension du papier dont il est fait usage :

La seconde est le droit de timbre créé pour les effets négociables ou de commerce, et gradué en raison des sommes à y exprimer, sans égard à la dimension du papier.

Art. 12. sont assujettis au droit du timbre établi, en raison de la dimension, tous les papiers à employer pour les actes et écritures soit publics, soit privés; savoir :

Les pétitions et mémoires, même en forme de lettres, présentés aux autorités, administrations et établissemens publics.

Les actes entre particuliers sous signature privée, et le double des comptes de recette ou de gestion particulière, et généralement tous actes et écritures, extraits, copies, expéditions, soit publics, soit privés devant ou pouvant faire titre, ou être produits pour obligation, décharge, justification, demande ou défense ;

2o Ceux des compagnies et sociétés d'actionnaires ;

Ceux des établissemens particuliers et des maisons particulières d'éducation.

Ceux des agens d'affaires, directeurs, régisseurs, syndics de créanciers et entrepreneurs de travaux et fournitures ;

Ceux des aubergistes, maîtres d'hôtels garnis et logeurs, sur lesquels il doivent inscrire les noms des personnes qu'ils logent, et généralement tous les livres, registres et minutes de lettres qui sont de nature à être produits en justice et dans le cas d'y faire foi, ainsi que les extraits, copies et expéditions qui sont délivrés desdits livres et registres.

13. Tout acte fait et passé en pays étranger, ou dans les îles et colonies françaises où le timbre n'aurait pas encore été établi, sera soumis au timbre avant qu'il puisse en être fait aucun usage en France, soit dans un acte public, soit dans une déclaration quelconque, soit devant une autorité judiciaire ou administrative.

14. Sont assujettis au droit du timbre, en raison des sommes et valeurs, les billets à ordre ou au porteur, les inscriptions, mandats, mandemens, ordonnances, et tous autres effets négociables, ou de commerce, même les lettres de change tirées par seconde, troisième et *duplicata*, et ceux faits en France et payables chez l'étranger.

15. Les effets négociables venant de l'étranger, ou des îles et colonies françaises où le timbre n'aurait pas encore été établi, seront, avant qu'ils puissent être négociés, acceptés ou acquités en France, soumis au timbre ou au *visa pour timbre*, et le droit sera payé d'après la quotité fixée par l'art. 8 de la présente.

21. L'empreinte du timbre ne pourra être couverte d'écriture ni altérée.

22. Le papier timbré qui aura été employé à un acte quelconque ne pourra plus servir pour un autre acte, quand même le premier n'aurait pas été achevé.

23. Il ne pourra être fait ni expédié deux actes à la suite l'un de l'autre sur la même feuille de papier timbré, nonobstant tout usage ou réglement contraire.

Sont exceptés les ratifications des actes passés en absence des parties, les quittances de prix de ventes et celles de remboursement de contrats de constitution ou obligation, les inventaires, procès-verbaux et autres actes qui ne peuvent être consommés dans un même jour et dans la même vacation, les procès-verbaux de reconnaissance et levée de scéllés qu'on pourra faire à la suite du procès-verbal d'apposition, et les significations des huissiers, qui peuvent également être écrites à la suite des jugemens et autres pièces dont il est délivré copie.

Il pourra aussi être donné plusieurs quittances sur une même feuille de papier timbré, pour à compte d'une seule et même créance ou d'un seul terme de fermage ou loyer,

Toutes autres quittances qui seront données sur une même feuille de papier timbré n'auront pas plus d'effet que si elles étaient sur papier non timbré.

30. Les écritures privées qui auraient été faites sur papier non timbré, sans contravention aux lois du timbre, quoique non comprises nommément dans les exceptions, ne pourront être produites en justice sans avoir été soumises au timbre extraordinaire ou au *visa pour timbre*, à peine d'une amende de 5 francs, outre le droit du timbre. (loi du 16 mai 1834.)

D'après la loi du 2 juillet 1837, les registres des banquiers, négocians, armateurs, marchands, fabricans, commissionnaires, agens de change, courtiers, ouvriers et artisans, sont exempts du timbre.

(22 frimaire an VII (12 décembre 1798).

Art. 1er. Les droits d'enregistrement seront perçus d'après les bases et suivant les règles déterminées par la présente.

2. Les droits d'enregistrement sont *fixes* ou *proportionnels*, suivant la nature des actes et mutations qui y sont assujettis.

3. Le droit fixe s'applique aux actes soit civils, soit judiciaires ou extrajudiciaires, qui ne contiennent ni obligation, ni libération, ni condamnation, collocation ou liquidation de sommes et valeurs, ni transmission de propriété, d'usufruitier ou de jouissance de biens meubles ou immeubles.

4. Le droit proportionnel est établi pour les obligations, libérations, condamnations, collocations ou liquidations des sommes et valeurs, et pour toute transmission de propriété, d'usufruit ou de jouissance de biens meubles et immeubles, soit entre-vifs, soit par décès.

22. Les actes qui, à l'avenir, seront faits sous signature privée, et qui porteront transmission de propriété ou d'usufruit de biens immeubles, et les baux à ferme où à loyer, sous-baux, cessions et subrogations de baux, et les engagemens, aussi sous signature privée, de biens de même nature, seront enregistrés dans les trois mois de leur date.

Pour ceux des actes de ces espèces qui seront passés en pays étrangers, ou dans les îles ou colonies françaises où l'enregistrement n'aurait pas encore été établi, le délai sera de six mois, s'ils sont faits en Europe ; d'une année, si c'est en Amérique, et de deux années, si c'est en Asie ou en Afrique.

26. Les notaires ne pourront faire enregistrer leurs actes qu'aux bureaux dans l'arrondissement desquels ils résident.

Les actes sous signature privée, et ceux passés en pays étranger, pourront être enregistrés dans tous les bureaux indistinctement.

29. Les droits des actes à enregistrer seront acquittés, savoir :

Par les parties, *pour les actes sous signature privée et ceux passés en pays étranger, qu'elles auront à faire enregistrer ; pour les ordonnances sur requêtes ou mémoires, et les certificats qui leur sont immédiatement délivrés par les juges et pour les actes et décisions qu'elles obtiennent des arbitres, si ceux-ci ne les ont pas fait enregistrer ;*

Et par les héritiers, légataires et donataires, leurs tuteurs et curateurs, et les exécuteurs testamentaires, *pour les testamens et autres actes de libéralité à cause de mort.*

38. Les actes sous signature privée, et ceux passés en pays étranger, dénommés dans l'art. 22, qui n'auront pas été enregistrés dans les délais déterminés, seront soumis au double droit d'enregistrement.

Il en sera de même pour les testamens non enregistrés dans le délai.

62. La date des actes sous signature privée ne pourra cependant être opposée à la république pour prescription des droits et des peines encourues, à moins que ces actes n'aien acquis une date certaine par le décès de l'une des parties, ou autrement.

Droits fixes.

Les actes compris sous cet article seront enregistrés et les droits payés ainsi qu'il suit :

Les assignations et exploits devant les prud'hommes 50 c.

Droit de 1 fr.

Les actes et jugemens des Prud'hommes, au-dessous de 25 fr. ou sans détermination de valeur.

Les actes respectueux.

Les acceptations de succession.

Les acceptations de legs et communauté.

Les actes non expressément tarifés.

Les attestations pures et simples.

Les brevets d'apprentissage.

Les bilans,

Les adjudications au rabais et marchés dont le prix est remboursable par le trésor.

Les cautionnemens desdites adjudications et marchés dont le prix est remboursable par le trésor.

Tous actes concernant *exclusivement* les construction, entretien et réparation des *chemins vicinaux.*

Les actes contenant déclaration des enfans pour fournir des alimens à leurs père et mère sans désignation de somme.

Les devis d'ouvrages et entreprises qui ne contiennent aucune obligation de sommes ou de valeurs, ni de quittance.

Les déclarations des titulaires de cautionnement pour assurer le privilége en 2e ordre.

Les ratifications d'actes en forme.

Les crédits ouverts purement et simplement.

Les factures signées par les négocians ou les marchands seuls.

Les connaissemens ou reconnaissances de chargemens par mer.

Les lettres de voiture.

Les abonnemens pour faits d'assurance ou grosse aventure;

Le droit sera perçu sur la valeur des objets abandonnés.

En temps de guerre, il ne sera dû qu'un demi-droit;

Les actes et contrats d'assurance :

Le droit sera perçu sur la valeur de la prime;

En temps de guerre, il n'y aura lieu qu'au demi-droit.

Droit de 2 francs.

Les autorisations pures et simples

Les certificats de cautions et cautionnemens.

Les consentemens purs et simples.

Les acquiescemens purs et simples quand ils ne sont pas faits en justice.

Les avis des Parens.

Les décharges pures et simples, et les récépissés de pièces;

Les décharges de prix de vente de meubles, des sommes et des objets mobiliers.

Les déclarations, pures et simples, en matière civile.

Les inventaires de meubles ou objets mobiliers, par chaque vacation de quatre heures.

Les désistemens purs et simples.

Les nominations d'experts, hors jugement;

Les mains-levées.

Les lettres missives qui ne contiennent ni obligation, ni quittance, ni aucune autre convention donnant lieu au droit proportionnel;

Les prêts sur dépôt ou consignation de marchandises.

Les quittances données aux syndics ou caissiers d'une faillite, quelque soit le nombre des émargemens de répartition.

Les procurations et pouvoirs pour agir, ne contenant aucune stipulation ni clause donnant lieu au droit proportionnel;

Les rétractations et révocations.

Les reconnaissances pures et simples ne contenant aucune obligation ni quittance.

Droit de 3 francs.

Les compromis ou nominations d'arbitres, qui ne contiennent aucune obligation de sommes et valeurs donnant lieu au droit proportionnel;

Les connaissances ou reconnaissances de chargemens par mer;

Les transactions, en quelque matière que ce soit qui ne contiennent aucune stipulation de sommes et valeurs, ni disposition soumise à un plus fort droit d'enregistrement.

Les acceptations de succession sous bénéfice d'inventaire.

Les titres nouvels et reconnaissances de rente, avec justifications de contrat en forme.

Les transactions *sans stipulation de sommes et valeur*, ni de dispositions susceptibles d'un droit plus élevé.

Droit de 5 francs.

Les abandonnemens de biens, volontaires, ou forcés, pour être vendus directement.

Les codiciles.

Les contrats de mariage ne contenant que les apports personnels, sans avantage individuel ou réciproque.

Les donations éventuelles.

Les actes d'émancipation par chaque émancipé.

Les jugemens d'entérinement de procès-verbaux et rapports, homologation d'actes d'union et attermoiement, jugemens des tribunaux de commerce *ou d'arbitres*, contenant des dispositions *définitives* non susceptibles d'un droit plus élevé.

Les partages de biens meubles et immeubles entre co-propriétaires, à quel titre ce soit, sauf justification et sans soulte.

Les actes de société qui ne portent ni obligation ni libération, ni transmission de biens meubles ou immeubles entre les associés ou autres personnes.

Les actes de dissolution de société qui sont dans le même cas.

4o Les testamens et tous autres actes de libéralité qui ne contiennent que des dispositions soumises à l'événement du décès, et les dispositions de même nature qui sont faites par contrat de mariage entre les futurs, ou par d'autres personnes.

Droit de 10 francs.

Les jugemens en dernier ressort par des arbitres d'après le consentement des parties, sauf le droit proportionnel s'il s'élève au-dessus de 10 fr.

Droit de 20 francs.

Les dispenses d'âge pour le mariage.
Les lettres de déclaration de naturalité.
Les lettres patentes en réintégration dans la qualité de Français.

Droit de 40 francs.

Les dispenses de parenté pour le mariage.

Droit de 50 francs.

Les actes de tutelle officieuse.

Droit de 100 francs.

Lettres pour être autorisé à la naturalisation ou obtenir l'autorisation d'entrer au service de l'étranger.

TIMBRE DES AVIS IMPRIMÉS.

Loi du 6 prairial an VII (25 mai 1799).

Les lettres de voiture, connaissemens, chartes-parties et police d'assurance, seront inscrits à l'avenir sur du papier du timbre d'un franc.

A compter de la publication de la présente, les billets et obligations non négociables, et les mandats à terme ou de place en place, ne pourront être faits que sur papier du timbre proportionnel, comme il en est usé pour les billets à ordre, lettres de change et autres effets négociables, et sous la même peine.

D'après la loi du 24 mai 1834, les effets négociables souscrits sur papier libre, doivent deux amendes de 6 % chacune, payable, l'une par le souscripteur et l'autre par le premier endosseur ou souscripteur.

Du 26 *frimaire en VIII* (17 *décembre* 1799).

Actes dispensés des formalités du timbre et de l'enregistrement

Art. 1er. Les actes sous seing-privé tendant uniquement à la liquidation de la dette publique, et en tant qu'ils servent aux opérations de la liquidation, sont dispensés des formalités du timbre et de l'enregistrement.

2. Les actes des administrations et commissaires liquidateurs, relatifs auxdites liquidations, sont dispensés des mêmes formalités.

3. Les lois contraires à la présente sont rapportées.

27 *ventôse an IX* (18 *mars* 1801).

Extrait relatif à la perception des droits de l'enregistrement.

Le droit d'enregistrement des baux à ferme ou à loyer et des sous-baux, subrogations, cessions et rétrocessions de baux, réglé par l'art. 69 de la loi du 22 frimaire, § III, no 9, à un franc par cent francs sur le montant des deux premières années, et à vingt-cinq centimes par cent francs sur celui des autres années, est réduit à soixante-quinze centimes par cent francs sur les deux premières années, et à vingt centimes par cent francs sur le montant des années suivantes.

S'il est stipulé, pour une ou plusieurs années, un prix différent de celui des autres années du bail ou de la location, il sera formé un total du prix de toutes les années, et il sera divisé également, suivant leur nombre, pour la liquidation du droit.

EXTRAIT *du décret concernant le timbre des lettres de voiture, connaissemens, chartes-parties et polices d'assurances.*

Du 5 *janvier* 1809.

Art. 1er Les lettres de voiture, connaissemens, chartesparties et police d'assurances continueront d'être assujettis au timbre de dimension. Les parties, pour rédiger ces actes, pourront se servir de telle dimension de papier timbré qu'elles jugeront convenable, sans être tenues d'employer exclusivement à cet usage du papier du timbre d'un franc.

2. Ne sont point assujettis à se pourvoir de lettres de voiture timbrées les propriétaires qui font conduire par leurs voituriers et propres domestiques ou fermiers les produits de leurs récoltes.

DÉCRET *portant que les révocations de procurations et de testamens pourront être faites et expédiées sur la même feuille que ces actes.*

Du 15 *juin* 1832.

Art. 1er A dater de la publication du présent décret, les révocations, soit des procurations, soit des testamens, jouiront de l'exception accordée par les premier et deuxième alinéas de l'art. 23 de la loi du 13 brumaire an VII sur le timbre.

En conséquence, elles pourront être faites et expédiées sur la même feuille que ces actes.

Prescription des droits d'enregistrement.

Après deux années à compter du jour de l'enregistrement, il y a prescription pour la demande des droits d'enregistrement, s'il s'agit d'un droit non perçu par une disposition particulière dans un acte, où d'un supplément de perception insuffisamment faite, ou d'une évaluation dans une fausse déclaration et pour la constater par voie d'expertise.

Les parties sont également non-recevables, après le même délai, pour toute demande en restitution de droits perçus. (Loi du 22 frimaire an VII, art. 61.)

La date des actes sous signature privée ne peut cependant être opposée à la république pour prescription des droits et peines encourus, à moins que ces actes n'aient acquis une date certaine par le décès de l'une des parties ou autrement. (Id. art. 62.)

De l'exécution des actes sous seing-privé.

L'acte sous seing-privé n'est pas exécutoire de plein droit par cela seul qu'il est revêtu de toutes les formalités voulues par la loi; il faut encore qu'un jugement en ordonne l'exécution.

La partie qui se refuse à accomplir un acte sous seing-privé sera donc assignée devant les tribunaux, suivant les règles ordinaires de la compétence, pour s'y voir condamner à l'exécution de l'acte qu'elle a souscrit.

Par suite du jugement intervenu par la contestation, l'acte sous seing-privé aura le même effet qu'un acte authentique passé devant un officier public. Il sera revêtu par-là de la force exécutoire que lui confère le jugement.

FIN.

TABLE DES MATIÈRES.

FIN DE LA TABLE.

Nancy, imprimerie de HINZELIN et Cᵉ, place du Marché.